1200 X 7

L'orfèvrerie
en Nouvelle-France

L'orfèvrerie en Nouvelle-France

par Jean Trudel
conservateur de l'art canadien ancien

Une exposition organisée par la
Galerie nationale du Canada
Ottawa, 1974

Fine Arts

NK7113
A3N48714
1974x

F.A
I-77

Préface

Cette exposition consacrée à l'orfèvrerie en Nouvelle-France permet à M. Jean Trudel, conservateur de l'art canadien ancien à la Galerie nationale, d'éclairer et d'élargir notre compréhension de l'art au Canada. Sans le concours généreux des prêteurs, cependant, cette exposition n'aurait pu être réalisée. Nous tenons donc à leur exprimer toute notre gratitude pour avoir accepté de se départir momentanément de leurs œuvres. Nous pensons tout particulièrement ici aux fabriques et aux maisons religieuses qui ont consenti à prêter des objets liturgiques entre Noël et Pâques, deux grandes fêtes du calendrier chrétien. Le plaisir de voir toutes ces belles pièces réunies et mises en évidence et l'enrichissement, par le biais de leur reproduction dans le catalogue, de notre entendement de l'orfèvrerie en Nouvelle-France constituent autant de titres à notre connaissance.

Dans la préparation de l'exposition et du catalogue, M. Trudel a pu s'appuyer sur l'aide et les conseils de plusieurs personnes, en particulier M. John E. Langdon, M. Henry Birks, Mme T. M. Graham, Mlle Helen I. Drummond, M. Harry M. Allice. Des étudiants en stage d'été à la Galerie nationale en 1972, MM. Victorin Chabot et Louis Côté notamment, lui ont également apporté leur concours en effectuant des recherches dans divers dépôts d'archives. Mais l'assistance la plus précieuse sans doute lui est venue d'un ancien stagiaire, M. Robert Derome, qui a d'abord dressé, au cours de l'été de 1971, un inventaire préliminaire des pièces d'orfèvrerie, et établi ensuite un inventaire des documents d'archives relatifs aux orfèvres du régime français, travail que la Galerie nationale publie sous la forme d'un volume en français intitulé *Les orfèvres de Nouvelle-France. Inventaire descriptif des sources*. M. Derome est, de plus, l'auteur de plusieurs photographies de ce catalogue.

Qu'il nous soit permis de croire que cette exposition et son catalogue par M. Trudel poseront, avec l'inventaire de M. Derome, un nouveau jalon dans l'étude de l'orfèvrerie canadienne.

La directrice de la Galerie nationale du Canada
Jean Sutherland Boggs

Prêteurs

Archevêché de Québec
Basilique-cathédrale Notre-Dame, Québec
Dr Conrad Brouillet, Loretteville (Québec)
La collection Henry Birks d'argenterie canadienne, Montréal
Collection privée
The Detroit Institute of Arts, Detroit
Église Notre-Dame-de-Lorette, Village-des-Hurons (Québec)
Fabrique La Nativité de la Sainte Vierge Marie, Laprairie (Québec)
Fabrique La Visitation de Notre-Dame, Château-Richer (Québec)
Fabrique Notre-Dame-de-Foy, Sainte-Foy (Québec)
Fabrique Notre-Dame-de-Liesse, Rivière-Ouelle (Québec)
Fabrique Saint-Augustin, Saint-Augustin de Portneuf (Québec)
Fabrique Saint-Charles Borromée, Charlesbourg (Québec)
Fabrique Saint-Charles, Saint-Charles de Bellechasse (Québec)
Fabrique Sainte-Famille, Sainte-Famille, Île d'Orléans (Québec)
Fabrique Sainte-Geneviève de Berthier-en-haut, Berthierville (Québec)
Fabrique Saint-Gilles, Saint-Gilles de Lotbinière (Québec)
Fabrique Saint-Joachim, Saint-Joachim de Montmorency (Québec)
Fabrique Saint-Michel, Sillery (Québec)
Fabrique Saint-Vallier, Saint-Vallier de Bellechasse (Québec)
Galerie nationale du Canada, Ottawa
M. John E. Langdon, Toronto
Maison-mère des religieuses Hospitalières de Saint-Joseph, Montréal
Monastère des Augustines de l'Hôtel-Dieu, Québec
Monastère des Ursulines, Québec
Monastère des Ursulines, Trois-Rivières (Québec)
Musée de l'église Notre-Dame, Montréal
Musée des Abénakis, Odanak (Québec)
Musée des beaux-arts de Montréal
Musée du monastère des Augustines de l'Hôpital général, Québec
Musée du Québec, Québec
Musée du Séminaire de Québec
Pères Rédemptoristes, Sainte-Anne de Beaupré (Québec)
Les prêtres de Saint-Sulpice, Oka (Québec)
Résidence des pères Jésuites, Québec
Royal Ontario Museum (Sigmund Samuel Canadiana Gallery), Toronto
M. John L. Russell, Gananoque (Ontario)
Séminaire des Trois-Rivières, Trois-Rivières (Québec)
Les sœurs de la Congrégation de Notre-Dame, Montréal

«Importation de France. – On tire de France toutes
les boissons (et il se consomme extrêmement de
l'eau-de-vie), les huiles, les épiceries, une partie
des lards et des jambons, toutes les étoffes, les
toiles, la bougie, une grande partie de la chandelle;
on en tire aussi le sel qui y est marchandise et les
cartes à jouer qui ne payent aucun impôt en France;
on tire aussi les ouvrages d'orfèvrerie et de bijou-
terie, n'ayant point de matière d'argent dans le
pays; il s'y trouve cependant trois ou quatre orfèvres qui ont de la peine à vivre; ils travaillent les
parfilures et quelques piastres que le commerce
illicite avec les Anglais introduit.

Depuis l'arrivée des troupes de France, comme
elles sont payées en espèces, cela en a introduit
dans la colonie où il n'y en avait presques point
auparavant.

Les habitants se sont munis en couverts, écuelles et
gobelets d'argent en faisant fondre des écus; on
tire aussi de France le papier.»

Louis Antoine de Bougainville: *Mémoire sur l'état de
la Nouvelle-France, 1757*, cité dans *Rapport de
l'archiviste de la province de Québec pour 1923-1924*,
Louis-Amable Proulx, Québec, 1924, p. 57.

L'orfèvrerie
en Nouvelle-France
Essai par Jean Trudel

Les origines de l'orfèvrerie au Canada se situent, chronologiquement, pendant le régime français et, géographiquement, en Nouvelle-France. Le régime français s'étend des origines de la colonie (1534) à la capitulation de Québec (1759) et de Montréal (1760) et à la signature du Traité de Paris (1763). Au cours de cette période, les limites territoriales de la Nouvelle-France se modifièrent au gré des guerres et des explorations (voir fig. 1 et 2). La Louisiane, par exemple, en fit partie et, bien que nous n'ayons pas, au cours de nos recherches, découvert d'œuvres ou de documents relatifs à ces territoires, il est pratiquement certain que partout où se rendaient les missionnaires il y avait, tout au moins, de l'orfèvrerie religieuse. Néanmoins, notre étude sera centrée sur les deux principales agglomérations urbaines du régime français, Québec et Montréal. Il ne sera donc pas question du déplacement d'orfèvres vers Detroit qui se situe au début du régime anglais et qui résulte de la traite des fourrures.

La naissance de notre orfèvrerie est étroitement liée au fait que plusieurs pièces d'orfèvrerie françaises étaient, dès la première moitié du XVIIe siècle, présentes en Nouvelle-France. Ces œuvres, que les Français avaient apportées ou qu'ils importèrent par la suite, marquaient le rang social et représentaient une valeur économique sûre dans la colonie. Elles deviendront des modèles pour les orfèvres du pays et, même sous le régime anglais, pour leur clientèle. Ces considérations nous ont amenés à étudier en premier lieu l'orfèvrerie française en Nouvelle-France. Le fait de situer les œuvres dans leur contexte socio-historique nous permet de mieux expliquer leur présence et leur rôle. En second lieu, il nous est apparu essentiel de définir qui étaient les orfèvres de Nouvelle-France et dans quelles conditions s'exerçait leur métier dans la colonie. C'étaient là des approches nécessaires avant de confronter les œuvres de France avec celles de Nouvelle-France.

Figure 1
Jean-Baptiste-Louis Franquelin
[Saint-Michel de Villebernin (Indre),
vers 1651 – France, après 1712]
Carte de la Nouvelle-France   vers 1702
Reproduction d'une copie (l'original
étant à Paris) des Archives publiques
du Canada, Ottawa.

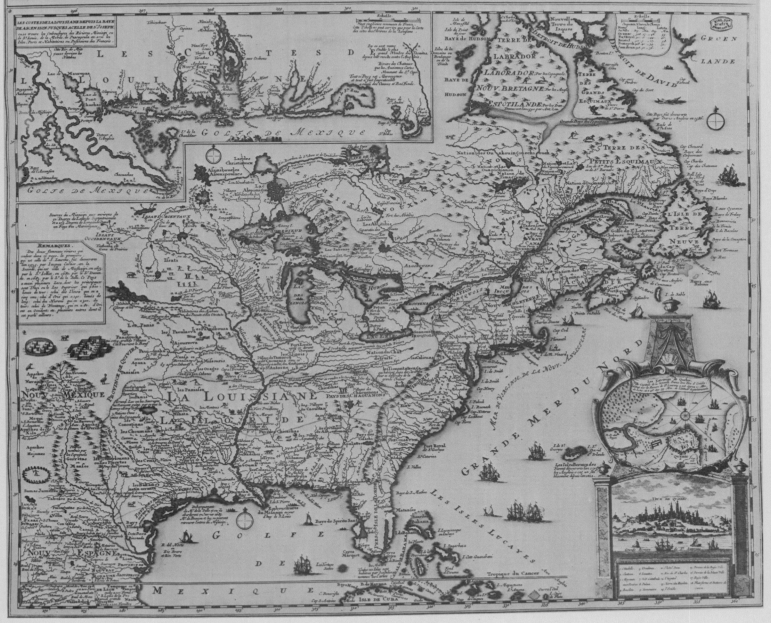

Figure 2
H. A. Châtelain [?] ou Reiner Ottens [?]
Carte de la Nouvelle-France   vers 1745
Reproduction d'un original aux Archives
publiques du Canada, Ottawa.

Première partie

L'orfèvrerie française en Nouvelle-France

Figure 3
Atelier d'orfèvre français au XVIIIᵉ siècle

Plusieurs ouvriers sont diversement occupés; l'un en *a* à couler le métal dans la lingotière; un en *b* à retreindre un vase; un en *c* à planer une assiette ou un plat; un autre en *d* à retreindre une burette, et les autres en *e* à forger une plaque. Près de là, en *f*, est un fourneau à fonte, en *g* une forge, [en *h*] une lampe à souder, chalumeau, soufflet, panier à charbon, tenailles, et autres ustensiles nécessaires à l'usage du fourneau.

Illustration tirée de l'*Encyclopédie, ou Dictionnaire raisonné des sciences. Recueil de planches sur les sciences, les arts libéraux et les arts méchaniques avec leur explication*, Cercle du livre précieux, Paris, 1964–1966, vol. IV, *s.v.* Orfèvre grossier (détail de la planche I).

C'est en grand nombre qu'au XVIIe siècle et pendant les soixante premières années du XVIIIe siècle des pièces d'orfèvrerie françaises furent apportées en Nouvelle-France. Faute d'études et de recherches, nous commençons à peine à soupçonner aujourd'hui l'importance, aussi bien en quantité qu'en qualité, de l'orfèvrerie française en Nouvelle-France. Il reste encore assez d'œuvres, malgré les dispersions et les fontes, pour qu'il soit possible d'esquisser une première approche du sujet. Nous ne visons pas ici à faire connaître ces pièces en fonction de la production française des XVIIe et XVIIIe siècles, mais à essayer de trouver la signification de leur présence en Nouvelle-France.

Une distinction s'impose au départ entre l'orfèvrerie civile, ou domestique, et l'orfèvrerie religieuse: les problèmes posés par l'usage de ces deux types d'œuvres ne sont pas tout à fait les mêmes et doivent être envisagés séparément.

L'orfèvrerie civile française en Nouvelle-France

Il ne fait aucun doute que dès le XVIIe siècle beaucoup de ceux qui arrivaient en Nouvelle-France pour s'y établir transportaient dans leurs bagages des pièces d'orfèvrerie civile destinées à leur usage personnel. En possédant des objets d'argent, les nouveaux arrivants suivaient une mode dont l'élan initial avait été donné par la cour des rois de France – celle de Louis XIV surtout – au XVIIe siècle. La possession de pièces d'orfèvrerie civile présentait, en fait, de sérieux avantages: tout objet d'argent constituait une valeur négociable en tout temps et ne valait pas moins que son poids d'argent. On pouvait, de plus, en faisant graver son nom, ses initiales ou ses armoiries sur les pièces d'orfèvrerie, se protéger contre le vol puisqu'il fallait avoir recours à un orfèvre pour les faire fondre et les transformer. Enfin, ces œuvres en argent pouvaient être étalées aux yeux de tous; elles augmentaient ainsi le prestige de celui qui les possédait. L'acquisition de quelques couverts (fourchettes et cuillers) ne devait pas demander une immobilisation de capital trop importante. Seuls les plus fortunés et les plus privilégiés par leur rang pouvaient se permettre d'apporter avec eux ou d'importer de France des pièces d'orfèvrerie civile en quantité plus considérable.

Lorsqu'en 1754 Charles de Raymond [Saintonge, vers 1706 – Saintes (Charente-Maritime), 1774] rédige son *Mémoire sur les postes du Canada*, il mentionne à propos du poste du lac des Deux-Montagnes (aujourd'hui Oka) que celui-ci «n'a servi jusqu'à présent qu'à faire une si grande fortune à plusieurs païsans que je connais qu'il y en a qui ont fait venir cette année 1754 pour de grosses sommes d'argenteries en vaisselle et plats[1]...» Il explique ensuite le système de contrebande du castor que ces paysans avaient mis au point pour s'enrichir rapidement. Il est intéressant de constater ici que l'orfèvrerie civile qu'on fait venir de France devient le signe extérieur du succès de l'entreprise. Ces nouveaux riches suivent un exemple venu de haut dans la hiérarchie sociale de la Nouvelle-France. Deux courts extraits de la correspondance de Mme Marie-Isabelle (ou Élisabeth) Bégon [Montréal, 1696 – Rochefort (Charente-Maritime), 1755], qui commente en 1748 les réceptions données par l'intendant François Bigot [Bordeaux (Gironde), 1703 – Suisse, vers 1777], nous aident à mieux percevoir le rôle de premier plan que tient alors l'orfèvrerie dans la bonne société en Nouvelle-France:

> Je t'ai mandé que Mater et Tilly on été à Québec avec M. de Tilly le 15 juillet. Elles ne sont revenues qu'il y a quelques jours, très enthousiasmées des plaisirs de Québec où M. l'intendant fait danser à toute main. Leur habit noir les a privées d'assister à toutes ces fêtes, mais elles y ont mangé et vu cette belle argenterie qui fait le bel air des conversations à la mode[2].
>
> Nos messieurs de Québec ne sont pas plus pressés que tu les as vus, cher fils, de sortir de la capitale. Rien ne les émeut et se contentent d'être en extase des beaux meubles de M. l'intendant et de sa belle argenterie[3].

Il n'est pas sûr que toute l'orfèvrerie de l'intendant Bigot ait été apportée de France, mais nous pouvons facilement supposer que le prestige des œuvres françaises était plus grand que celui des œuvres canadiennes d'alors.

1. Charles de Raymond: *Mémoire sur les postes du Canada*, cité dans le *Rapport de l'archiviste de la province de Québec pour 1927–1928*, Louis-Amable Proulx, Québec, 1928, p. 343. Également cité par Robert-Lionel Séguin: *Les ustensiles en Nouvelle-France*, Éditions Leméac, Montréal, 1972, p. 126.

2. Marie-Isabelle (ou Élisabeth) Bégon: lettre à son gendre, Honoré-Michel de la Rouvillière de Villebois, 12 novembre 1748, citée dans le *Rapport de l'archiviste de la province de Québec pour 1934–1935*, Rédempti Paradis, Québec, 1935, p. 5.

3. *Idem*, 18 novembre 1748, cité dans *ibid.*, p. 7.

Le nombre de pièces d'orfèvrerie civile française en Nouvelle-France nous apparaît, après un inventaire sommaire, relativement moins élevé que celui des pièces d'orfèvrerie religeuse. Les œuvres sont difficiles à retracer et il faut espérer que beaucoup d'entre elles se trouvent encore dans les familles de vieille souche. Lorsqu'on peut retracer des œuvres antérieures à 1760, leur provenance est souvent incertaine ou inconnue de telle sorte qu'il nous est rarement possible d'affirmer avec certitude qu'elles étaient bien en usage sous le régime français. Elles ont pu être apportées beaucoup plus tard. Le point de repère le plus sûr concernant leur provenance reste encore les armoiries gravées, lorsqu'elles peuvent être identifiées. La connaissance de l'héraldique est alors d'importance. Nous pouvons citer, à titre d'exemple, l'aiguière (cat. n° 32) de Jean Fauché [Paris, m^e 1733 / Paris, 1762], faite à Paris entre 1754 et 1755: elle porte des armoiries doubles (fig. 4) commémorant l'alliance, en 1750, des familles Le Gardeur de Repentigny et Chaussegros de Léry.

Il est indispensable de recourir aux documents d'archives (aux inventaires après décès, en particulier) pour constituer une documentation de base sur l'orfèvrerie civile française en Nouvelle-France. Ces documents ne font toutefois pas toujours la distinction entre les pièces d'origine française et celles qui ont été faites dans la colonie. Il faut donc envisager avec prudence les hypothèses construites sur ces sources. Quelques inventaires, synthétisés dans des tableaux, permettront au lecteur de se familiariser avec cette orfèvrerie civile française en Nouvelle-France. On y remarquera que le cours des monnaies est en fluctuation constante et que les œuvres sont décrites, pesées et évaluées selon léur poids d'argent. (Les monnaies et les poids en usage à Paris au XVIIIe siècle sont respectivement présentés dans les tableaux A et B.) La précision des inventaires varie beaucoup, mais la description des pièces nous donne, malgré certaines différences au niveau du vocabulaire employé, un bon échantillonnage des types de pièces dont on se servait en Nouvelle-France.

Figure 4
Armoiries des familles Le Gardeur de Repentigny et Chaussegros de Léry. Détail d'une aiguière (cat. n° 32) de l'orfèvre français Jean Fauché.

Tableau A

Monnaies en usage à Paris au XVIIIe siècle	
Livre (#)	20 sous
Sou ou Sol (s)	12 deniers
Denier (d)	——

Tableau B

Poids en usage à Paris au XVIIIe siècle et table de conversion		
Anciens poids		Nouveaux poids (en grammes)
Livre	2 marcs	489,5058 g
Marc	8 onces	244,7529 g
Once	8 gros	30,5941 g
Gros	3 deniers	3,8242 g
Denier	24 grains	1,2747 g
Grain	——	0,0531 g

Lorsqu'on dressa, en 1704, l'inventaire après décès de Charles Juchereau de Saint-Denys [Québec, 1655 – Pays des Illinois, 1703], il ne se faisait que très peu d'orfèvrerie en Nouvelle-France. Selon toute probabilité, les pièces qu'il possédait étaient françaises. Bien qu'il ait occupé le poste de juge royal de Montréal en 1693, et malgré ses diverses tentatives dans le commerce des fourrures, Saint-Denys laissa pour 40 000# de dettes lorsqu'il quitta Montréal pour aller établir une tannerie au pays des Illinois en 1702[4]. Il avait auparavant, en 1699 et en 1700, effectué deux voyages en France. Les pièces d'orfèvrerie inventoriées en 1704 (voir tableau C) ne constituaient pas une fortune, mais elles permettaient à Saint-Denys et à sa femme de manifester une modeste aisance lorsqu'ils recevaient des invités.

Tableau C

Inventaire après décès de Charles Juchereau de Saint-Denys à Montréal en 1704[5]

Lot	Quantité	Objet	Poids	Estimation
no 1	12	cuillers		
	12	fourchettes		
	6	cuillers à café		
	3	salières		
	2	chandeliers		
	1	écuelle		
	1	assiette		
		mouchette		
		porte-mouchette	13 marcs 4 onces	472# 10s
no 2	1	tasse (argent doré)		
	1	cuiller (argent doré)		
	1	fourchette (argent doré)	1 marc 6 onces	42# 2s 6d

Cours des monnaies: le marc d'argent vaut 35#

4. John Fortier: *Charles Juchereau de Saint-Denys*, dans *Dictionnaire biographique du Canada*. Vol. II: *De 1701 à 1740*, University of Toronto Press et Presses de l'université Laval, Toronto et Québec, 1969, p. 317–318.

5. Cet inventaire fut publié dans le *Rapport de l'archiviste de la province de Québec pour 1959–1960*, Roch Lefebvre, Québec, 1960, p. 233–273.

Tableau D

Inventaire après décès de Philippe de Rigaud de Vaudreuil à Québec en 1726[8]

Lot	Quantité	Objet	Poids	Estimation
nº 1	2	grands plats à potage		
	2	moyens plats à potage		
	4	petits plats d'entremets		
	1	porte huilier		
	1	pot à boire		
	4	saladiers ronds		
	2	saladiers gaudronnés		
	1	sucrier		
	1	réchaud		
	2	grandes écuelles dont une a son couvercle		
	1	moyenne écuelle sans couvercle		
	2	cafetières		
	6	petites soucoupes		
	1	moutardier		
	30	cuillers		
	30	fourchettes		
	5	cuillers		
	5	fourchettes		
	3	grandes cuillers à potage		
	6	cuillers à ragoût		
	1	assiette		
	4	grands flambeaux		
	2	flambeaux moyens		
	4	petits flambeaux		
	7	gobelets		
	1	bassin à barbe		
	6	cuillers à café		
	6	cuillers à café de vermeil		
	6	salières carrées		
	2	girandoles		
	1	porte-mouchettes avec les mouchettes		
	1	cuiller à olives		
	1	tasse		
	6	tasses à café de bois d'olivier doublées d'argent		
	1	sucrier de même qualité		
	30	couteaux à manches d'argent		
	2	petits couteaux à manches d'argent	144 marcs 5 onces	
nº 2	1	cabaret et		
	6	tasses de bois d'olivier garnies d'une feuille d'argent		
	6	soucoupes de même qualité		
	1	sucrier de même qualité		60#
nº 3	1	petit gobelet		
	1	petit entonnoir		
	1	cannette (?) couverte de cuir noir garnie de petits flocons de cristal garni d'argent		
nº 4	1	plat à barbe		
	6	cuillers		
	6	fourchettes		
	233	jetons de différentes grandeur le tout d'argent	13 marcs 4 onces	540#

Cours des monnaies: le marc d'argent vaut 40#

Philippe de Rigaud de Vaudreuil [France, vers 1643 – Québec, 1725] arriva en Nouvelle-France en 1687[6]. D'origine noble, il était militaire de carrière. Il fut nommé gouverneur de la Nouvelle-France en 1703 et le demeura jusqu'à sa mort. Il ne passait pas pour un homme très cultivé ni très fortuné. En 1704, il fit venir de France, sur la flûte *La Seine*, «tout l'équipage de sa maison et une augmentation de vaisselle d'argent[7]». Ce vaisseau fut pris par les Anglais et Vaudreuil perdit plus de 30 000#. Il fallait au gouverneur de l'orfèvrerie française pour bien montrer aux habitants de la Nouvelle-France son prestige et sa puissance en tant que représentant du roi. L'inventaire après décès de Vaudreuil (voir tableau D) nous montre qu'il pouvait recevoir plus de 30 personnes avec des couverts d'argent, y compris les couteaux à manches d'argent. Vaudreuil possédait pour plus de 6 000# d'orfèvrerie, dont des jetons d'argent de différentes grandeurs. On peut difficilement expliquer l'usage de ces jetons autrement que comme monnaie d'échange dans la traite des fourrures avec les indiens. Il pourrait s'agir ici d'une des premières mentions d'orfèvrerie de traite[9].

Claude-Thomas Dupuy [Paris, 1678 – Carcé, près de Rennes (Ille-et-Vilaine), 1738] ne fut pas intendant de Nouvelle-France pendant très longtemps. En 1726, il était à Québec avec plus de 50 ballots contenant ses effets personnels apportés de France dont son orfèvrerie[10]. Lorsqu'en 1728, on le rappela en France, il était complètement ruiné. Il avait non seulement perdu son poste par diverses maladresses, mais sa fortune personnelle était mal en point. Ses biens furent saisis à Québec pour payer ses créanciers[11]. La saisie de l'orfèvrerie de Dupuy fut particulièrement dramatique: elle eut lieu en tout dernier, le 19 octobre 1728, alors que le palais de l'intendant était gardé par 40 hommes armés. La vaisselle d'argent fut soigneusement inventoriée; elle fut pesée par Jean-Baptiste Deschevery [Bayonne (Pyrénées-Atlantiques), vers 1695 – Québec, vers 1745] sous la surveillance d'un autre orfèvre de Québec, Jacques Pagé[12] [Québec, 1682 – Québec, 1742]. Les biens de Dupuy furent vendus à l'encan en octobre 1730 (voir tableau E). L'importante collection d'orfèvrerie de Dupuy ne lui servit pas très longtemps à Québec, mais elle demeura en Nouvelle-France, répartie entre les divers acheteurs.

6. Yves F. Zoltvany: *Philippe de Rigaud de Vaudreuil*, dans *Dictionnaire biographique du Canada, ibid.*, p. 591–600.

7. Lettre de Mme de Vaudreuil, 1709, citée dans le *Rapport de l'archiviste de la province de Québec pour 1942–1943*, Rédempti Paradis, Québec, 1943, p. 416.

8. Cet inventaire fut publié dans le *Rapport de l'archiviste de la province de Québec pour 1921–1922*, Louis-Amable Proulx, Québec, 1922, p. 237–261.

9. En 1709, Vaudreuil demandait en France «quelques médailles d'argent ou de vermeil pour faire des presens aux sauvages, parce que cela leur feroit beaucoup de plaisir et les encourageroit a resister aux sollicitations des Ennemis». Cité dans le *Rapport de l'archiviste de la province de Québec pour 1942–1943, ibid.*, p. 415.

10. Jean-Claude Dubé: *Claude-Thomas Dupuy*, dans *Dictionnaire biographique du Canada, ibid.*, p. 215–220.

11. Jean-Claude Dubé: *Claude-Thomas Dupuy, intendant de la Nouvelle-France*, Éditions Fides, Montréal, 1969, p. 287–302.

12. Ottawa, Archives publiques du Canada, Archives des colonies, M G 1, C 11 A, vol. 50, Procès-verbaux de la saisie des meubles et effets de M. Dupuy, du 12 au 19 octobre 1728, f°s 291–303, p. 276–284.

Tableau E

Vente des biens de Claude-Thomas Dupuy à Québec en 1730[13]

Quantité	Objet	Poids			Estimation	Vente	Prix	Acheteur
2	saucières	3 marcs	2 onces	5 gros	51# le marc	53# 10s le marc	178# 4s 2d	M. Foucher
1	huilier	3 marcs	5 onces		51# le marc	55# le marc	199# 7s	M. de Senneville
2	jattes	3 marcs	6 onces		51# le marc	58# 10s le marc	219# 7s	M. de Lusignan
2	flambeaux	7 marcs	2 onces	5 gros	51# le marc	52# le marc	377#	M. Fleury
2	jattes	3 marcs	6 onces		51# le marc	52# le marc	219# 7s	M. Dumont
1	coquetier		3 onces	4 gros	51# le marc	52# 10s le marc	22# 19s 4d	M. Walon
4	plats	11 marcs	1 once	7 gros	51# le marc	52# 10s le marc	589# 16s	M. Foucher
1	sucrier	2 marcs	5 onces		51# le marc	54# 10s le marc	143# 1s 3d	M. de la Corne
1	cuiller potagère	1 marc	1 once	2 gros	51# le marc	58# 10s le marc	67# 15s	M. Francheville
2	cuillers à ragoût	1 marc	2 onces	4 gros	51# le marc	56# le marc	73# 10s	M. Foucher
6	cuillers et							
6	fourchettes	4 marcs		½ gros	51# le marc	61# le marc	244# 9s 6d	M. Nicolet
6	fourchettes et							
6	cuillers	4 marcs	1 once	5 gros	51# 10s le marc	61# 10s le marc	258# 9s 6d	Buron
2	flambeaux	5 marcs		4 gros	51# le marc	68# le marc	344# 5s	M. Walon
2	plats ovales	8 marcs	2 onces	3 gros	51# le marc	54# 10s le marc	452# 3s 6d	Mme Cugnet
2	plats ovales	8 marcs	2 onces	3 gros	51# le marc	54# 10s le marc	452# 3s 6d	Mme Cugnet
1	grand plat	8 marcs	2 onces	3 gros	51# le marc	52# le marc	431# 8s 9d	M. Cugnet
1	cafetière	1 marc	4 onces		51# le marc	70# le marc	105#	M. Dupont
1	aiguière	4 marcs	4 onces	6 gros	51# le marc	53# 10s le marc	250# 16s 9d	M. Chavest
1	cuiller à pot	1 marc	3 onces		51# le marc	53# 10s le marc	73# 11s 3d	M. Cugnet
2	cuillers à olives		6 onces	5 gros	51# le marc	70# le marc	57# 19s 4d	M. Dupont
1	sucrier	2 marcs	5 onces	2 gros	51# le marc	60# le marc	159# 7s	M. Charly
1	porte huilier	2 marcs	3 onces	6 gros	51# le marc	58# le marc	143# 3s 9d	M. Lestage
6	cuillers et							
6	fourchettes	4 marcs		1 gros	51# le marc	66# le marc	265#	Mlle Fournel
2	cuillers et							
2	fourchettes	1 marc	3 onces		51# le marc	66# 5s le marc	81#	M. Bailly
6	cuillers et							
6	fourchettes							
	de vermeil	2 marcs	1 once	4 gros	45# (à cause de la façon antique)	49# 15s le marc	108# 16s 7d	M. Walon
6	couteaux à manches							
	de vermeil	2 marcs		4½ gros (avec leurs lames)	30# (à cause de leurs lames de fer)	36# 15s le marc	76# 19s	M. Foucault
3	cuillers	1 marc		4½ gros	51# le marc	52# 10s le marc	55# 14s	Mme Deschaillons
4	couteaux à manches							
	d'argent	1 marc	7 onces	5 gros (avec leurs lames)		36# 5s le marc	36# 5s	Mme St-Louis
1	plat	8 marcs	3 onces	6 gros	51# le marc	52# le marc	440# 7s	M. La Morille
4	salières	3 marcs		4 gros	51# le marc	52# 15s le marc	161# 11s	M. Walon
4	plats	15 marcs	5 onces		51# le marc	52# le marc	812#	M. Guillemin
1	aiguière	4 marcs	5 onces	6 gros	51# le marc	52# le marc	245# 7s 6d	M. Perthuis

Michel Sarrazin [France, 1659 – Québec, 1734]
arriva en Nouvelle-France en 1685[14]. Chirurgien,
puis médecin, il retourna en France plusieurs fois.
Homme de science, il se plaignit souvent de sa
situation financière et du maigre traitement qu'il
recevait. Il avait épousé Marie-Anne Hazeur à
Montréal en 1712; lorsque celle-ci mourut à Québec
en 1743 on dressa l'inventaire de leurs biens (voir
tableau F). Il s'y trouvait quelques pièces d'orfèvrerie, probablement françaises, dont des outils de
médecin. Ces pièces d'orfèvrerie sont loin d'égaler
en importance celles de Vaudreuil ou de Dupuy,
mais elles constituent, comme pour Saint-Denys, un
minimum pour un personnage de son importance.

Tableau F

Inventaire des biens de la veuve de Michel Sarrazin à Québec en 1743[15]

Lot	Quantité	Objet	Poids			Estimation
n° 1	6	cuillers				
	6	fourchettes				
	1	grande cuiller potagère				
	1	cuisinière				
	2	salières				
	1	sucrier				
	2	grandes jattes				
	2	jattes plus petites				
	4	flambeaux	21 marcs	5 onces	1 gros	1 038#
n° 2		outils de médecin		4 onces	1 gros	
n° 3	1	paire de ciseaux garnie d'argent dans le haut				3#
n° 4	2	petites lancettes d'écaille garnies d'argent				1# 10s

Cours des monnaies: le marc d'argent vaut 48#

13. Dressé d'après des documents à Ottawa, Archives
    publiques du Canada, Archives des colonies,
    M G 1, C 11 A, vol. 55, Monsieur Hocquart con-
    cernant la vente des effets de M. Dupuy, ex-
    intendant, inventaire détaillé de la vente de ses
    effets, octobre 1731, fos 105–158, p. 46–139.

14. Jacques Rousseau: *Michel Sarrazin*, dans *Diction-
    naire biographique du Canada*, ibid., p. 620–627.

15. Cet inventaire fut publié dans le *Rapport de l'archi-
    viste de la province de Québec pour 1943–1944*,
    Rédempti Paradis, Québec, 1944, p. 17–39.

Tableau G

Lot	Quantité	Objet	Poids	Estimation
nº 1	1	plat ovale		
	2	burettes	6 marcs 6 onces	788# 15ˢ
nº 2	1	crosse		
		plats		
	2	flambeaux		
	1	écuelle		
		cuiller potagère		
		cuiller à ragoût		
		cuillers à bouche		
		fourchettes		
	1	calice		
	1	patène		
	1	boîte à savonnette		
	1	martinet	77 marcs 6 onces 4 gros	4 085# 3ˢ 1ᵈ
nº 3	1	bâton de crosse avec une feuille d'argent dessus		40#
nº 4	7	couteaux de table à manche d'argent		42#
nº 5	1	croix d'argent doré	1 once 1 gros	18#
nº 6	2	bagues montées sur argent		12#
nº 7	1	paire de boucles de souliers et une de culottes d'argent avec leurs chappes aussi d'argent		30#
nº 8	1	paire de boucles de souliers avec jarretières d'argent et chappes d'acier		30#
nº 9	1	écritoire d'argent haché complet		12#
nº 10	1	petite boîte d'argent (pour contenir le Saint-Chrême) avec sa bourse		10#
nº 11	1	écritoire d'argent haché complet		24#
nº 12	1	paire de flambeaux d'argent haché avec leurs girandoles		36#
nº 13	1	paire de flambeaux		30#
nº 14	2	bougeoirs avec leurs binets d'argent haché		15#
nº 15	2	petits martinets d'argent haché		12#
nº 16	1	plat à barbe d'argent haché		8#
nº 17	1	chandelier d'étude avec mouchettes et éteignoir d'argent haché		24#
nº 18	2	sucriers d'argent haché		12#
nº 19	4	couteaux à manches de nacre de perle garnis d'argent avec leurs gaines		8#
nº 20	2	garnitures de boutons pour habit à feuilles d'argent		
	4	garnitures pour veste à feuilles d'argent		48#

Inventaire après décès de Mᵍʳ Henri-Marie Dubreuil de Pontbriand à Montréal en 1760[16]

Cours des monnaies: le marc d'argent vaut 52# 10ˢ

Mgr Henri-Marie Dubreuil de Pontbriand [France, 1708 – Montréal, 1760], évêque de Québec de 1741 jusqu'à sa mort, possédait des effets personnels, dont de l'orfèvrerie religieuse et civile (voir tableau G) qu'il avait peut-être apportée ou, par la suite, fait venir de France. Il légua, dans son testament, presque toute cette orfèvrerie aux Sulpiciens de Montréal, chez qui il s'était réfugié en 1759. Sa crosse d'évêque et son bâton revêtu d'argent (cat. nᵒ 19) étaient sa propriété personnelle. L'orfèvrerie civile qu'il possédait était liée au prestige de ses fonctions ecclésiastiques.

S'il n'est pas possible d'arriver à de grandes généralisations à partir de cette suite d'inventaires, on peut maintenant mieux percevoir l'importance de l'orfèvrerie civile française qui se trouvait en Nouvelle-France. Bien que nous ne connaissions actuellement qu'une très petite quantité de ces œuvres, elles étaient certainement en grand nombre. Une étude systématique des inventaires après décès pourrait donner des renseignements sur leur quantité, leur variété, leur qualité et leur rôle dans la société d'alors. La présence d'orfèvrerie civile française sur les tables et dans les demeures des gouverneurs, des intendants, des évêques, des commerçants et d'autres personnages moins importants de la colonie française ne devait pas laisser insensibles les habitants et leur faisait même, sans doute, envie. On comprend dès lors que plusieurs d'entre eux aient songé à commander des œuvres semblables à des orfèvres de Nouvelle-France à partir de la fin du XVIIᵉ siècle.

L'orfèvrerie religieuse française en Nouvelle-France

L'histoire de l'orfèvrerie religieuse française en Nouvelle-France découle de la présence des premiers missionnaires et des religieux qui, s'établissant dans la colonie française, y fondèrent des paroisses et des institutions religieuses. Si le droit canon prescrivait de ne se servir que d'or et d'argent pour les calices et les patènes, les autres vases sacrés et instruments nécessaires au culte catholique pouvaient être faits de métaux dits «vils». La tradition voulut cependant, en France comme en Nouvelle-France, qu'on utilise pour le culte divin ce que l'on pouvait s'offrir de plus précieux, qu'on rende tangible la valeur spirituelle que l'on accordait à la religion.

En décembre 1645, les missionnaires Jésuites de Québec se servaient de cinq chapelles (ou nécessaires au culte) portatives. Le document qui mentionne ces chapelles apporte des précisions quant aux calices qu'elles contenaient: «L'une envoyée au p. Hier. Lalemant en 1645 dont le Calice d'argent trop petit fut renvoyé en france, e a sa place mis un autre calice d'argent d'une autre chapelle portative[17]...» Le calice de la seconde chapelle est d'étain, celui de la troisième, d'argent doré, celui de la quatrième, d'argent, et celui de la cinquième, d'étain. Au XVIIᵉ siècle, les conditions économiques dans lesquelles vivaient les missionnaires, le clergé et les habitants de la Nouvelle-France ne leur permettaient pas toujours de respecter la tradition et parfois les empêchaient de se plier aux exigences canoniques. Il n'est pas question de vases sacrés en or dans la colonie française, mais d'argent doré ou de vermeil. Il est même plutôt rare que, lors de la fondation d'une paroisse, tous les vases sacrés et les accessoires du culte soient d'argent.

Pour mieux faire comprendre la place que tenait l'orfèvrerie religieuse française en Nouvelle-France, nous avons choisi d'analyser une suite d'inventaires de Notre-Dame de Québec (voir tableau H). Ces inventaires, extrêmement bien tenus à cause de l'importance même de la paroisse, nous permettent de tracer dans ses grandes lignes l'histoire de l'orfèvrerie de Notre-Dame sous le régime français.

16. Son testament et cet inventaire furent publiés dans le *Rapport de l'archiviste de la province de Québec pour 1957–1958 et 1958–1959*, Rédempti Paradis, Québec, 1959, p. 359–379.

17. Québec, Archives paroissiales de la basilique-cathédrale Notre-Dame de Québec (dorénavant Q.A.P.N.D.), Mémoire des meubles d'Église appartenant à notre mission, novembre 1645, carton 12, nᵒ 81. Des additions ultérieures ont été faites à cet inventaire, dont la dernière page qui nous intéresse ici.

Tableau H

Œuvres en argent et en cuivre ou en étain en usage à Notre-Dame de Québec sous le régime français[18]

Objets	1640 (et 1647) argent	1640 (et 1647) cuivre et étain	1653 (et 1655) argent	1653 (et 1655) cuivre et étain	1672 (et 1678) argent	1672 (et 1678) cuivre et étain	1714 argent	1714 cuivre et étain	1739 argent	1739 cuivre et étain	1766 argent	1766 cuivre et étain
Aiguière baptismale				1		1						
Ampoules aux saintes huiles				8					3		6	
Bénitiers		2		4		4		4		4		2
Boîtes à ampoules				3		2			1		1	
Burettes	4	2	4	1	4	8	8		8		10	
Calices	2		2		3		3		3		3	
Chandeliers d'autel	4	8	8	15	8	10	8		8		8	2
Ciboires	3		2		4		3		3		3	
Croix d'autel	1		1		1		1		1		1	
Croix processionnelles		2		2	1	2	1	1	1	1	1	1
Encensoirs		2	1	2	1	2	1	1	1	1	1	2
Instrument de paix								?1			1	
Lampe de sanctuaire		1		1	1	1	1	1	1	1	1	
Navettes			1	1	1	2	1	1	1	1	1	2
Ostensoir (soleil)	1		1		1		1		1		1	
Patènes	2				1		3		3		3	
Piscine			1	?1	1	?1	1		1		1	
Plateaux à burettes	1	1	1	2	1	2	1	3	1	3	3	
Porte-Dieu											1	
Tasse à quêter			1		1							
Total	18	18	23	41	29	35	33	12	37	11	46	9

Mais il est tout d'abord nécessaire de résumer brièvement les débuts complexes de cette paroisse. Samuel de Champlain [Brouage (Charente-Maritime), (?) 1567 – Québec, 1635] fit construire en 1633, sur l'emplacement actuel de l'église Notre-Dame, une chapelle en bois, connue sous le nom de Notre-Dame de Recouvrance, qui fut incendiée le 15 juin 1640[19]. On ne commença sa reconstruction, en pierre cette fois, qu'en 1647 et les célébrations s'y firent régulièrement à partir de 1657[20]. Les Jésuites la desservirent jusqu'en 1660, année où l'abbé Henri de Bernières [Caen (Calvados), vers 1635 – Mort 1700] y fut rattaché; le 15 septembre 1664, l'abbé de Bernières devint le premier curé en titre de Québec[21]. Mgr François Xavier de Montmorency Laval [Montigny-sur-Avre (Eure-et-Loir), 1623 – Québec, 1708] écrivit en 1664:

> Il y a ici une basilique construite en pierre: elle est grande et magnifique. L'office divin s'y célèbre suivant le Cérémonial des évêques; nos prêtres, nos séminaristes, ainsi que dix ou douze enfants de chœur y assistent régulièrement. Dans les grandes fêtes, la messe, les vêpres et le salut du soir se chantent en musique, avec orchestre, et nos orgues mêlent leurs voix harmonieuses à celles des chantres. Il y a dans la sacristie de très beaux ornements, huit chandeliers d'argent; et tous les calices, ciboires, burettes, encensoirs, etc., sont dorés ou d'argent pur[22].

L'érection canonique de la paroisse eût lieu le 15 septembre 1664 et l'église fut élevée en cathédrale du diocèse de Québec le 1er octobre 1674[23]. Cette paroisse est la plus ancienne du pays.

On ne fit probablement pas d'orfèvrerie religieuse au pays avant le XVIIIe siècle. L'étude des livres de comptes de la fabrique Notre-Dame révèle que très peu d'œuvres furent commandées à des orfèvres de Nouvelle-France et que les paiements qui leurs sont faits concernent, pour la plupart, l'entretien et la réparation d'œuvres en argent. Ainsi, cinq œuvres seulement leur auraient été commandées: une boîte aux saintes huiles en 1721 et un encensoir en 1724 à Jean-François Landron [Québec, 1686 – Mort avant 1762], une paire de burettes en 1730, et une piscine en 1752 à Joseph Maillou[24] [Québec, 1708 – Québec, 1794]; d'autre part, en 1758, un porte-Dieu et des ampoules aux saintes huiles sont payées au curé par la fabrique[25]. Il est donc certain que la majorité des vases et instruments liturgiques de Notre-Dame de Québec étaient d'origine française.

Notre analyse des inventaires de Notre-Dame est résumée dans le tableau H. Ce tableau n'est pas absolument fidèle à la réalité, car il dépend d'une interprétation du vocabulaire des inventaires et du soin mis par différentes personnes à différentes époques à les dresser. Le premier inventaire a été fait à la sacristie de Notre-Dame de Recouvrance en 1640, l'année même où cette église fut incendiée. Il semble certain cependant que les biens meubles furent sauvés de l'incendie[26]. Le dernier inventaire étudié date de 1766; il a été fait à la chapelle du Séminaire de Québec qui servait alors d'église paroissiale. L'église avait été détruite lors du bombardement de Québec en 1759, mais une partie des biens meubles avait auparavant été envoyée, par mesure de prudence, chez les Ursulines de Trois-Rivières d'où on les fit revenir en 1766[27]. Il semble, encore là, que tous les biens meubles de Notre-Dame furent sauvés. Une première constatation s'impose en regardant le tableau: le total des œuvres en argent est en progression constante tandis que le total des œuvres en cuivre et en étain augmente, puis diminue. On reste sous l'impression que le recensement de ces dernières est beaucoup plus aléatoire que celui des œuvres en argent auxquelles on attachait une très grande importance. À mesure que les années passent et que la population augmente, on préfère ajouter des œuvres en argent. Ces inventaires nous révèlent, de plus, une foule

18. Q.A.P.N.D. Inventaire de 1640: ms. 1A (contient des additions pour 1647); inventaire de 1653: carton 12, n° 82 (contient des additions pour 1655); inventaire de 1672: ms. 1A (contient des additions pour 1678); inventaire de 1714: carton 12, n° 86; inventaire de 1739: carton 2, n° 33; inventaire de 1766: carton 12, n° 87.

19. A. Gosselin: *Henri de Bernières, premier curé de Québec*, Évreux, 1896, p. 73–75.

20. *Ibid.*, p. 76.

21. *Ibid.*, p. 73. Voir aussi Arthur Maheux: *Henri de Bernières*, dans *Dictionnaire biographique du Canada*. Vol. I: *De l'an 1000 à 1700*, University of Toronto Press et Presses de l'université Laval, Toronto et Québec, 1966, p. 94–95.

22. A. Gosselin: *op. cit.*, p. 78.

23. *Album-souvenir de la basilique Notre-Dame de Québec*, Québec, 1923, p. 13.

24. Q.A.P.N.D., Livre de comptes pour 1709–1724, ms. 4, p. 108–1/2; Livre de comptes pour 1724–1737, ms. 6, p. 6–1/2 et 61–1/2; Livre de comptes pour 1752–1769, ms. 8, p. 3.

25. Q.A.P.N.D., Livre de comptes pour 1752–1769, ms. 8, p. 86.

26. Québec, Archives du Séminaire, Catalogue des bienfaiteurs, Paroisse de Québec, n° 27, p. 2.

27. Q.A.P.N.D., carton 12, n°s 89, 89A et 90.

de renseignements sur les circonstances dans les-quelles des œuvres d'orfèvrerie religieuse françaises parvinrent (comme dans beaucoup d'autres paroisses de Nouvelle-France) à Notre-Dame.

En 1640 et en 1647, il y avait dix-huit œuvres en cuivre et en étain et dix-huit autres en argent à Notre-Dame[28]. Deux calices, et leurs patènes, apparaissent à l'inventaire et y demeurent jusqu'en 1766. L'un est petit et en argent doré par endroits; il pèse 2 marcs. En 1766, il est remplacé, ainsi que sa patène, car il a été rapporté en France par le préfet de la sacristie du chapitre, Charles-Ange Collet[29] [Né vers 1723]. L'autre calice est grand, de vermeil doré et ciselé (ainsi que sa patène); il pèse 3 marcs 2 onces 1-1/2 gros. Il avait été acquis en 1639 avec l'argent tiré d'un legs de Samuel de Champlain à Notre-Dame de Recouvrance[30]. Ce legs avait aussi permis d'acquérir – en plus de deux burettes et de leur bassin ou plateau – un soleil (ou ostensoir) également de vermeil doré et ciselé pesant 1 marc 7 onces. On le retrouve dans tous les inventaires et il est bien noté qu'il ne possède pas de pied: en dévissant la coupe du grand calice, on pouvait y visser le soleil. C'était là une économie de moyens qu'on retrouvait également dans d'autres paroisses. Il n'y a pas eu d'autre ostensoir à Notre-Dame sous le régime français. Les deux burettes étaient grandes, d'argent ciselé, et elles étaient contenues, avec leur bassin, dans un étui. Le tout pesait 2 marcs 2 onces et semble avoir été remplacé lors de l'inventaire de 1766. Il y avait aussi, en 1640, deux autres burettes, plus petites.

L'inventaire de 1640 comprend trois ciboires. L'un d'eux est petit et pèse 4 onces 2 gros. Curieusement, il ne figure pas à l'inventaire de 1653, mais réapparaît ensuite. Il servait tout probablement à porter le viatique aux malades: il s'agirait donc, en réalité, d'un porte-Dieu en forme de ciboire miniature. L'inventaire de 1766 mentionne «un autre petit ciboire pour porter le St. Viatique dont le pied renferme un Boetier pour les Stes. huiles des Inf[irmes] avec son Etuy

de ferblanc couvert de velours cramoisy[31]». C'est sans doute le même ciboire. Un autre ciboire d'argent est décrit comme étant de «médiocre grandeur» et uni: c'est peut-être celui-là qui disparaît entre 1672 et 1714 pour être remplacé par un ciboire pesant 1 marc 2 onces 2 gros, acheté au Séminaire de Québec le 5 juillet 1678 au coût de 60#. En 1766, on note qu'il a été prêté à la paroisse de Saint-Joseph de la pointe de Lévy; c'est ce qui arrivait fréquemment aux œuvres dont une paroisse ne se servait plus. Le dernier ciboire signalé en 1640 est le plus important. Il est d'argent, grand et ciselé et il est venu de France en 1647: «Mr. de la Tour» a même donné 100# pour une partie de son paiement[32]. On le retrouve toujours en 1766.

Enfin, en 1647, les habitants se cotisent pour donner à l'église une grande croix d'autel en argent et quatre petits chandeliers, le tout dans un étui. La croix pèse 14 marcs: on sait qu'elle fut volée en 1716 et récupérée par l'arquebusier-orfèvre Jean-Baptiste Soullard [(?) Québec, vers 1677 – Québec, vers 1720] au coût de 36# qui lui furent remboursées par la fabrique[33]. C'est là le premier vol d'orfèvrerie religieuse connu en Nouvelle-France. Dans l'inventaire de 1653, il y a quatre nouveaux chandeliers d'argent. Deux d'entre eux, grands et ciselés, étaient déjà là en 1653; les deux autres ont été reçus de France en 1655 et acquis au coût de 199#. Les huit chandeliers d'argent pèsent, ensemble, 20 marcs.

En 1655, on reçoit également de France un encensoir et sa navette: leur prix est de 123#. Ils sont d'argent ciselé. À l'inventaire de 1739, on retrouve la mention d'un encensoir et d'une navette en argent ciselé pesant 7 marcs 2 onces, mais il s'agit d'autres pièces. Alors qu'on employait le qualificatif «bien vieil argent» en 1714, on emploie maintenant celui d'«argent ciselé neuf». En 1724, les marguilliers de Notre-Dame avaient décidé de faire fondre le vieil encensoir d'argent par Jean-François Landron pour en faire un neuf[34]. La fabrique de Notre-Dame lui paya la moitié de la somme de 277# 5s, tandis que les

28. Q.A.P.N.D., Inventaire de 1640, ms. 1A (contient des additions pour 1647).

29. Q.A.P.N.D., Inventaire de 1766, carton 12, no 87.

30. Québec, Archives du Séminaire, Catalogue des bienfaiteurs, Paroisse de Québec, no 27, p. 2. Le 5 juillet 1678, la fabrique de Notre-Dame avait acquis du Séminaire de Québec un autre grand calice de vermeil doré et ciselé, au coût de 300#. Voir Q.A.P.N.D., Inventaire de 1672, ms. 1A.

31. Q.A.P.N.D., Inventaire de 1766, carton 12, no 87.

32. Québec, Archives du Séminaire, Catalogue des bienfaiteurs, Paroisse de Québec, no 27, p. 4.

33. Q.A.P.N.D., État des recettes et dépenses pour l'année 1716, carton 30.

34. Q.A.P.N.D., Livre des délibérations de Notre-Dame de Québec pour 1742–1777, ms. 16, p. 5.

Figure 5
Christ et *Vierge à l'Enfant*
Détails (avers et revers) d'une croix
processionnelle (cat. nº 5) de Notre-
Dame de Québec.

«Messieurs du Chapitre de la Cathédrale» lui payèrent l'autre moitié[35]. De nombreuses pièces d'orfèvrerie religieuse françaises subirent le même sort sous le régime français et sous le régime anglais: au lieu de les réparer, on préféra les faire fondre et transformer par des orfèvres du pays.

En 1653, apparaît une piscine ou, du moins, une petite tasse de vermeil, de forme hexagone, godronnée, à deux anses, pesant 5 onces, et qui sert aux ablutions. Cette tasse avait été donnée en 1651 par «Mons Menoil» à la fabrique de Notre-Dame[36]. En 1771, on mentionnera un paiement de 36# à l'orfèvre François Ranvoyzé [Québec, 1739 – Québec, 1819] pour avoir «fait un vase d'argent servant a purifier les doigts aux prêtres après la communion le dit vase provenant d'une tasse de vermeil doré a deux anses de figure exagone quil a defaitte faisant partie de l'argenterie de la fabrique et a laquelle il a fait un couvercle en argent du poids de deux piastres d'Espagne[37].» On voit ici qu'une pièce d'orfèvrerie de table pouvait servir pendant très longtemps à des fins religieuses, puis être transformée pour se conformer aux formes habituelles des piscines qui se fermaient par un couvercle. L'inventaire de 1653, puis celui de 1672, mentionnent aussi une coupe d'argent uni pour la quête; on ne retrouve plus trace de cette tasse à quêter dans les inventaires subséquents.

C'est en 1672 que la croix processionnelle en argent (cat. n° 5; voir fig. 5) apparaît pour la première fois. Elle est toujours à Notre-Dame. Nous ne savons rien des circonstances qui firent qu'elle y parvint avant 1672. Il est utile ici de souligner l'importance de cette œuvre dans une ville où les processions étaient fréquentes. Une autre pièce apparaît également en 1672: la lampe de sanctuaire d'argent ciselé, pesant 16 marcs, donnée par Pierre Duquet de la Chesnaye[38] [Québec, 1643 – Québec, 1687]. On la retrouve dans tous les inventaires jusqu'en 1766.

En 1674, lors de l'érection de l'église en cathédrale du diocèse de Québec, il y a à Notre-Dame une impressionnante collection de pièces d'orfèvrerie françaises. Les œuvres qui s'ajouteront par la suite seront loin d'être aussi importantes: en 1714, quatre burettes, en 1739, une boîte à ampoules et trois ampoules aux saintes huiles, en 1766, trois autres ampoules, des burettes et des plateaux, un instrument de paix et un porte-Dieu. On peut dire que, dès 1674, l'orfèvrerie religieuse de Notre-Dame était complète. On doit cependant noter que cette fabrique ne possède pas de bénitier en argent sous le régime français: on utilise des bénitiers en cuivre. À l'inventaire de 1766, il n'y a plus que neuf pièces en cuivre ou en étain qui soient répertoriées pour quarante-six œuvres en argent.

Les dons, comme nous venons de le voir, sont très nombreux: ils sont parfois faits par les habitants de la paroisse, parfois par quelque personnalité importante de la colonie. Ainsi, la lampe de sanctuaire de Notre-Dame est donnée, en 1672, par Pierre Duquet de la Chesnaye, premier notaire de naissance canadienne[39]. C'est vers la même année qu'une lampe de sanctuaire (cat. n° 22) est donnée aux Augustines de l'Hôtel-Dieu de Québec par Daniel Rémy de Courcelle [France, 1626 – Toulon (Var), 1698], gouverneur de la Nouvelle-France de 1665 à 1672[40]. Cette lampe porte les armoiries de la famille du gouverneur (fig. 6) et peut être considérée comme l'une des pièces d'orfèvrerie françaises les plus importantes conservées au Canada. Il se mêlait certainement une part de prestige personnel aux dons faits par les personnages en vue de la colonie. Ce prestige rejaillissait sur les récipiendaires qui notaient soigneusement la provenance des œuvres. Quand ce sont de simples habitants qui se cotisent pour faire don à Notre-Dame d'une croix d'autel et de quatre chandeliers en 1647, le fait est aussi noté. La signification du geste est cependant beaucoup plus désintéressée et se rattache à une fierté collective.

Pour une raison ou pour une autre, des dons venaient de France à titre de support à la colonie naissante. On trouve, par exemple, au Village-des-Hurons près de Loretteville, un ostensoir (cat. n° 21)

35. Q.A.P.N.D., Livre de comptes pour 1724–1737, ms. 6, p. 6-1/2. Voir aussi Québec, Archives du Séminaire, polygraphie 22, n° 41.

36. Québec, Archives du Séminaire, Catalogue des bienfaiteurs, Paroisse de Québec, n° 27, p. 4.

37. Q.A.P.N.D., Livre de comptes pour 1768–1786, ms. 9, p. 106–107.

38. Q.A.P.N.D., Inventaire de 1672, ms. 1A.

39. André Vachon: *Pierre Duquet de la Chesnaye*, dans *Dictionnaire biographique du Canada, ibid.*, p. 306–307.

40. W. J. Eccles: *Daniel Rémy de Courcelle*, dans *Dictionnaire biographique du Canada, ibid.*, p. 583–585.

qui porte sous son pied l'inscription suivante: CLAVDE PREVOST ANTIEN ESCHEVIN DE LA VILLE DE PARIS ET ELISABET LE GENDRE SA FAMME MONT DONNE POVR SERVIR A LEGLISE DES PERES JESVISTES AVX TROIS RIVIERES LAN 1664. L'Hôtel-Dieu de Québec conserve des œuvres en argent (cat. nos 1, 2 et 3) qui auraient été données, depuis la France, par un parent de mère Jeanne de Sainte-Marie, morte à Québec le 5 mars 1641[41]. Il reste la question des dons faits par des rois de France; à ce sujet, il faut avouer que jusqu'à maintenant aucune preuve concrète n'est venue étayer solidement les affirmations basées sur des traditions. Le plus vraisemblable de ces dons est sans doute le calice dit «de Monseigneur de Laval» (cat. nº 31) conservé au Séminaire de Québec. Il aurait été donné à Mgr de Laval par le roi Louis XIV lorsqu'il devint, en 1674, le premier évêque de Québec[42].

La procédure suivie pour faire des achats en France n'est pas encore très bien connue. Nous savons, par les poinçons, que la plupart des œuvres importées provenaient de Paris. Les livres de comptes de la fabrique de Saint-Pierre, Île d'Orléans, nous donnent une petite idée de cette procédure. Le 25 janvier 1689, Mgr Jean-Baptiste de La Croix de Chevrières de Saint-Vallier [Grenoble (Isère), 1653 – Québec, 1727] authentifiait une relique du bras de saint Paul, provenant de l'abbaye de Maubec, qui fut donnée à la cathédrale Notre-Dame de Québec[43]. Le 21 mars 1698, une relique de saint Paul était donnée à l'église de Saint-Laurent, voisine de celle de Saint-Pierre[44]. Cette relique sera transférée peu après à l'église de Saint-Pierre (qui s'appelait alors Saint-Pierre et Saint-Paul), car dans les livres de comptes pour l'année 1703 on trouve les deux inscriptions suivantes: dans les

Figure 6
Armoiries de la famille de Courcelle.
Détail d'une lampe de sanctuaire
(cat. nº 22) attribuée à l'orfèvre
français Claude Ballin.

41. *Les Annales de l'Hôtel-Dieu de Québec, 1639–1716.* Textes édités avec un introduction par Dom Albert Jamet, Hôtel-Dieu, Québec, 1939, p. 35.

42. Nous n'avons pu retracer aucun document précis à ce sujet.

43. *Rapport de l'archiviste de la province de Québec pour 1939–1940*, Rédempti Paradis, Québec, 1940, p. 289.

44. *Ibid.*, p. 338.

recettes, «Item de la somme de cent livres em-
pruntée de Martin Leclerc pour envoyer en France
pour l'achat d'un reliquaire d'argent 100#.» et,
dans les dépenses, «Item envoyé en France la
somme de cent cinquante sept livres, pour l'achat
d'un reliquaire d'argent pour la relique de St-Paul
apôtre 157#[45].» De plus, un inventaire, datant
probablement de 1709, mentionne «un reliquaire
d'argent valant cent trente livres argent de France,
dans lequel est un fragment de L'ossement du bras
de st Paul apostre, qui est alacathedrale avec son
authentique, entouré d'une couronne de petites
perles fines[46]». Ce reliquaire (fig. 7), maintenant
au Musée du Québec, porte le chiffre *SP* sur son
pied. Un poinçon nous indique qu'il a été fait à
Paris entre 1687 et 1691[47].

Nous ne savons pas encore qui servait d'intermédiaire pour ces achats et qui choisissait ou com-
mandait les œuvres aux orfèvres parisiens. Nous
savons, par contre, que la commande d'ornements
en France comportait des désavantages: le coût du
transport et les risques inhérents à l'envoi d'argent
ou d'ornements. En 1694, la fabrique de Saint-
Pierre perd ainsi «trois cent onze livres six sols,
qui ont été envoyés en france pour avoir plusieurs
ornements; dont les anglois se sont saisis en prenant
le Navire St Joseph[48]». Ce sont peut-être ces désavantages et celui de la sortie de devises hors de la
colonie qui contribuèrent à l'établissement d'orfèvres en Nouvelle-France.

L'analyse des inventaires de Notre-Dame nous a
permis de mieux voir la quantité et la qualité de
l'orfèvrerie religieuse française qui se trouvait alors
en Nouvelle-France, les circonstances de son apparition (par des dons et des achats), les liens qui
existaient entre son apparition et le développement
d'une paroisse. Nous avons aussi abordé quelques
problèmes de conservation qui, pour être tirés au
clair, exigeraient la continuation de l'analyse des
inventaires des XVIIIe, XIXe et XXe siècles. Ce qui
nous frappe surtout, c'est que la plupart des pièces
d'orfèvrerie de Notre-Dame dataient du XVIIe siècle
et soulignaient, par leur présence, celle de la France
dans la colonie. Afin de compléter cette approche,
nous croyons nécessaire de parler brièvement
d'autres œuvres religieuses françaises.

45. Archives paroissiales de la fabrique de Saint-
    Pierre, Île d'Orléans, Livre de comptes I,
    1680–1789, p. 147–148.

46. *Ibid.*, p. 16.

47. Il ne porte pas de poinçon de maître.

48. *Ibid.*, p. 132.

Figure 7
Anonyme
Reliquaire   Paris, 1687–1691
H: 11-3/8 po (28,8 cm)
Québec, Musée du Québec, A.60.261.0.

Ce reliquaire, autrefois à Saint-Pierre,
Île d'Orléans, contenait une relique de
l'apôtre saint Paul.
Cette œuvre ne fait pas partie de la
présente exposition.

Figure 8
Détail de la statue de *Saint François Xavier* (cat. n° 55) de l'orfèvre français Alexis Porcher.

Marius Barbeau a consacré un ouvrage entier au trésor des anciens Jésuites et y a réuni une précieuse documentation concernant, entre autres, l'orfèvrerie[49]. On sait qu'à la mort du père Jean-Joseph Casot [Liège (Belgique), 1728 – Québec, 1800] les biens des Jésuites furent dispersés. Le dernier survivant des Jésuites en Nouvelle-France avait rédigé son testament le 14 novembre 1796 et il avait pris la précaution de léguer à diverses communautés et paroisses les principales pièces d'orfèvrerie des Jésuites de Québec[50]. Les dispositions de son testament ne furent pas respectées à la lettre et la dispersion de l'orfèvrerie s'en trouva légèrement différente. Plusieurs parmi ces œuvres font partie de la présente exposition; la majeure partie de celles-ci a été faite par des orfèvres français. Elles sont toutes antérieures à 1759.

Le souci qu'avaient les Jésuites de la diffusion de la foi par l'image apparaît jusque dans l'ostensoir d'argent qu'ils possédaient. À l'article premier de son testament, le père Casot mentionne en effet «le Soleil d'argent doré, avec St Ignace et St françois Xavier aussi d'argent, qui tiennent au pied du soleil[51]». Cet ostensoir qui devait être légué à la fabrique de Notre-Dame de Québec fut plutôt donné aux Augustines de l'Hôtel-Dieu de Québec. Il pesait 13 marcs 4 onces 6 gros[52]. Il fut malheureusement transformé, à New York vers 1923, par la maison Benzinger Brothers et les statuettes de *Saint Ignace* et de *Saint François Xavier* ont disparu probablement antérieurement même à cette transformation. Par contre, il a été possible de retracer les statues d'argent des deux mêmes saints (cat. n°s 54-55; voir fig. 8) qui devaient être léguées à l'Hôpital général de Québec. Elles ont été faites par l'orfèvre parisien Alexis Porcher [Paris, m^e 1745] et elles datent de 1751–1752. Ces œuvres impressionnantes sont donc parvenues à Québec à la fin du régime français et elles devaient sans doute, dans l'esprit des Jésuites, avoir pour fonction de proclamer aux habitants de la Nouvelle-France la puissance et la plus grande gloire de saint Ignace et de saint François Xavier.

49. Marius Barbeau: *Trésor des anciens Jésuites*, dans *Bulletin* du Musée national du Canada, n° 153 (1957), «*Série anthropologique*, n° 43».

50. Québec, Archives judiciaires de Québec, Greffe Joseph Planté, 14 novembre 1796, n° 1333.

51. *Ibid.*

52. Québec, Archives du monastère des Augustines de l'Hôtel-Dieu, Gouvernement anglais, 14 avril 1800, tiroir 4, carton 405.

Figure 9
Salomon Marion [Lachenaie (Québec),
1782 – Montréal, 1830]
Vierge Marie   Montréal, vers 1818
H: 19-7/8 po (50,4 cm)
Ottawa, Galerie nationale du Canada
(Don de M. E. E. Poole, Edmonton,
1962), 9669.
Cette œuvre ne fait pas partie de la
présente exposition.

Une autre œuvre de première importance se trouvait au Collège des Jésuites de Québec: il s'agit du
reliquaire du père Jean de Brébeuf (cat. n° 4), martyrisé en Huronie le 16 mars 1649[53]. Ce buste en
argent a probablement été fait à Paris en 1664–1665:
il avait été commandé par la famille du père Jean
de Brébeuf qui, «justement fière d'une gloire qui
rejaillissait sur elle, voulut honorer sa mémoire en
faisant faire un buste d'argent de grandeur naturelle,
qu'elle donna au collège de Québec[54].» L'orfèvre
s'est probablement inspiré de la gravure *Jésuites
martyrisés par les Iroquois* de Grégoire Huret [Lyon
(Rhône), 1606 – Paris, 1670], publiée en 1664 dans
le livre *Historiae Canadensis* de François du Creux,
pour faire ce buste du père Jean de Brébeuf[55]. Le
socle de bois, en forme de cercueil, contient le crâne
et des ossements du père Jean de Brébeuf. Ce reliquaire est actuellement conservé au Monastère des
Augustines de l'Hôtel-Dieu de Québec. Personne
ne sait avec certitude comment il y parvint, mais il
est probable qu'il fut donné à cette institution par
les Jésuites entre 1760 et 1800. Lorsque les Jésuites
revinrent s'établir au Canada, ils confièrent, en
1843, à Joseph Légaré [Québec, 1795 – Québec,
1855] le soin de peindre un tableau où figurait le
buste en argent[56]. C'est ainsi qu'apparaît une
iconographie propre aux Jésuites du Canada glori-
fiant un de leurs illustres représentants.

Les Sulpiciens de la région de Montréal avaient
aussi leurs œuvres de prestige. La plus connue
d'entre elles est une statue de l'*Immaculée Conception* (cat. n° 12) faite à Paris entre 1712 et 1717.
Elle serait un don du roi Louis XIV. L'influence de
cette œuvre sur l'iconographie québécoise est considérable: elle fut plusieurs fois prise comme
modèle par des sculpteurs sur bois; un orfèvre,
Salomon Marion [Lachenaie (Québec), 1782 –
Montréal, 1830], en fit une version en argent
(fig. 9) pour la paroisse de Verchères vers 1818.
On peut donc juger de l'importance accordée à
l'original français par le nombre de copies qui
furent commandées.

Théoriquement, chaque œuvre religieuse française
devrait être assez facile à identifier et à dater grâce
aux différents poinçons qu'elle porte (voir fig. 10).

53. René Latourelle: *Jean de Brébeuf*, dans *Diction-
    naire biographique du Canada*, ibid., p. 124–129.

54. Marius Barbeau: *op. cit.*, p. 63.

55. *Pages d'histoire du Canada*. Catalogue d'exposition
    par Roy Strong, Galerie nationale du Canada,
    Ottawa, 1967, p. 80–81 (n° 46).

56. Les Jésuites de Québec possèdent toujours ce
    tableau.

poinçon de décharge

poinçon de maison commune

poinçon de charge

poinçon de maître-orfèvre

Figure 10
Poinçons de Paris
Détail de la croix d'un ostensoir
(cat. nº 139) de Saint-Joachim de
Montmorency

En pratique, il arrive souvent que les poinçons soient effacés ou usés à un point tel qu'on ne puisse plus en tirer quoi que ce soit. Gérard Morisset avait remarqué que plusieurs œuvres françaises ne portaient pas tous les poinçons requis par la sévère réglementation de France. Il avait expliqué ainsi cette anomalie: «Si ces ouvrages ne sont pas poinçonnés – c'est-à-dire s'ils ne portent pas les marques d'usage [...] – c'est qu'ils ont probablement été façonnés pour le roi lui-même ou pour l'un de ses proches, donc qu'ils étaient soustraits aux prescriptions des ordonnances royales[57]». L'explication est intéressante, mais sa généralisation à toutes les œuvres qui auraient été des dons royaux est peut-être trop hâtive. Le calice (cat. nº 31) de Nicolas Dolin [Paris, mᵉ 1647 / Paris, 1695] ne porte qu'un seul poinçon de maître sur la coupe et ce poinçon est dissimulé sous la fausse-coupe. La statue de l'*Immaculée Conception* des Sulpiciens de Montréal ne porte, par contre, aucun poinçon de maître mais un poinçon de charge et un poinçon de décharge de la ville de Paris. Le cas de chacune des œuvres dérogeant aux ordonnances royales sur l'application des poinçons devrait être examiné séparément avant d'en arriver à une conclusion.

Il est assez difficile d'arriver à effectuer des considérations générales sur le style des œuvres religieuses françaises en Nouvelle-France car, il ne faut pas l'oublier, une bonne partie d'entre elles a disparu. De plus, la forme des œuvres est, la plupart du temps, reliée à une fonction liturgique précise, ce qui laisse peu de place aux transformations: «la destination des objets religieux se trouvant fixée par un usage plusieurs fois centenaire, leurs formes mêmes ne pouvaient subir aucun changement profond: seul le décor était susceptible d'accueillir des nouveautés[58]». Solange Brault et Yves Bottineau ont auparavant noté que «le goût particulier des prélats et des chapitres pouvait être plus important que celui des orfèvres[59]». Ceci dit, entre des œuvres qui se rattachent encore aux formes gothiques, comme l'encensoir (cat. nº 1) de l'Hôtel-Dieu de Québec et celles qui sont déjà d'esprit Louis XVI, comme l'ostensoir (cat. nº 42) de Guillaume Loir [Paris, mᵉ 1716] de l'église de Rivière-Ouelle, la majorité des pièces que nous connaissons sont d'esprit Louis XIV. Il faut également souligner

---

57. Gérard Morisset: *L'orfèvrerie française au Canada*, article dans *La Patrie* de Montréal, livraison du 22 octobre 1950, p. 26.

58. Solange Brault et Yves Bottineau: *L'orfèvrerie française du XVIIIᵉ siècle*, «*L'œil du connaisseur*», Presses universitaires de France, Paris, 1959, p. 61.

59. *Ibid.*, p. 60.

que nous ne connaissons – en plus des vases à fleurs
(cat. n° 56) du Village-des-Hurons – que très peu
d'œuvres d'esprit Louis XV. Il s'agit peut-être là
d'un choix de la clientèle de la Nouvelle-France.

De cette étude très fragmentaire, il ressort que la
vision d'ensemble de l'importance et du rôle de
l'orfèvrerie religieuse française en Nouvelle-France
reste encore imprécise. Une recherche plus poussée
et plus généralisée effectuée dans les documents
d'archives pourrait nous apporter beaucoup en ce
qui concerne les types de pièces utilisées, leur
quantité, leur qualité, les sommes investies pour
leur achat, la façon dont elles sont parvenues dans
les paroisses et les communautés ainsi que les dates
auxquelles elles sont venues de France. De même,
un travail d'inventaire exhaustif des œuvres qui
sont encore conservées – même transformées et
restaurées – serait à souhaiter en vue de toute étude
subséquente.

L'orfèvrerie religieuse française, importée pendant
toute la durée du régime français, a servi de matière
première aux orfèvres canadiens du XVIIIe au XXe
siècle. Elle a aussi doublement servi de modèle.
Les orfèvres canadiens, éloignés du milieu culturel
français, y puisaient formes et décors tandis que
leur clientèle, manifestement attachée aux traditions
françaises, exigeait qu'ils imitent des œuvres importées. Pour bien comprendre l'orfèvrerie canadienne ancienne, il est indispensable de connaître
l'orfèvrerie religieuse française qui se trouvait alors
en Nouvelle-France.

Partie II

L'orfèvrerie de Nouvelle-France

L'existence de pièces d'orfèvrerie françaises en Nouvelle-France conduisit logiquement à l'établissement d'orfèvres de métier dans la colonie. En possédant et en utilisant de l'orfèvrerie civile française au XVIIe siècle et dans la première moitié du XVIIIe siècle, les habitants les mieux nantis avaient transposé en Amérique des façons de faire européennes et avaient, de ce fait, incité les moins fortunés à les imiter. Le clergé, d'autre part, au fur et à mesure qu'augmentait la population, faisait construire des églises et utilisait de plus en plus d'orfèvrerie religieuse. Des orfèvres français vinrent en Nouvelle-France et formèrent d'autres orfèvres. Ils répondaient en cela aux besoins d'une société qui pouvait ainsi leur commander sans délai et à moindres risques des pièces d'orfèvrerie civile ou religieuse.

Les conditions de vie en Nouvelle-France n'étaient cependant pas les mêmes qu'en France. La population n'était pas considérable: elle passait d'environ 3 200 en 1665 à 18 000 en 1713, et de 43 000 en 1739 à 80 000 en 1756. Il n'y avait que deux villes où plusieurs orfèvres pouvaient subsister, Québec et Montréal, et les conditions d'exercice du métier y étaient difficiles. Il n'est pas superflu, afin de mieux apprécier la qualité et la quantité des œuvres créées en Nouvelle-France, d'essayer de voir qui étaient les orfèvres qui y travaillaient et dans quelles conditions ils le faisaient.

Les orfèvres[1]

Le fait qu'en 1666 Jean-Baptiste Villain [-1666/1670-] soit décrit comme «orpheuvre travaillant[2]» à l'Île d'Orléans ne constitue pas une preuve suffisante pour établir qu'il y avait, dès le XVIIe siècle, des orfèvres professionnels en Nouvelle-France. Il nous semble logique de penser que les travaux d'orfèvrerie à cette époque devaient surtout être associés à l'entretien et à la réparation de pièces

françaises apportées ou importées dans la colonie; on ne saurait donc affirmer avec certitude que plusieurs œuvres d'orfèvrerie furent alors créées sur place. Il est d'ailleurs tout à fait remarquable que la plupart des personnages que l'on rattache à cet art de 1665 à 1700, et même parfois jusqu'aux environs de 1720, aient exercé des métiers reliés aux armes.

Dans la colonie naissante, les orfèvres professionnels ne constituaient pas un besoin vital, mais les armuriers ou les arquebusiers[3] étaient, pour leur part, indispensables. Pour réparer les armes, ils devaient posséder les outils et connaître les techniques essentielles à la manipulation des métaux. On devait donc s'adresser à eux pour des travaux d'orfèvrerie. D'autant plus que certaines armes portaient des revêtements d'argent ciselé ou de métal gravé.

Jean Soullard [(?) Saint-Sauveur de la Rochelle, vers 1642 – Québec, 1710] semble avoir été l'armurier-orfèvre le plus important de Québec. Il tenait une place de premier plan dans la société québécoise et le Conseil supérieur lui confia, en 1683, la tâche de frapper d'une fleur de lis et d'un chiffre romain correspondant à leur poids les monnaies étrangères en circulation au pays. C'est lui qui a probablement formé à l'armurerie (ainsi qu'à l'orfèvrerie) Guillaume Baudry [Québec, 1656 – Trois-Rivières, 1732], son gendre, et Jean-Baptiste Soullard [(?) Québec, vers 1677 – Québec, vers 1720,] son fils. Ce dernier prit comme apprenti, en 1715, Pierre Belleperche [Québec, 1699 – Detroit, 1767] pour lui enseigner son métier d'armurier et d'orfèvre. L'inventaire après décès de Jean Soullard[4] nous prouve qu'il ne faisait pas que réparer des pièces d'orfèvrerie; il possédait des outils d'orfèvre, notamment tout ce qui était nécessaire pour faire des cuillers et des tasses d'argent. Il possédait en outre plusieurs pièces d'orfèvrerie dont un certain nombre devait avoir été fait par lui.

À Montréal, il semble y avoir eu moins d'activités liées à l'orfèvrerie. René Fézeret [(?) Saint-Sauveur

---

1. Pour tout renseignement concernant ces orfèvres, voir Robert Derome: *Les orfèvres de Nouvelle-France. Inventaire descriptif des sources*, Galerie nationale du Canada, Ottawa, 1974, publié en guise de complément à ce catalogue.

2. *Estat general des habitants du Canada en 1666*, dans *Rapport de l'archiviste de la province de Québec pour 1935–1936*, Rédempti Paradis, Québec, 1936, p. 84.

3. Le mot «armurier» désigne celui qui fabrique et qui vend toutes sortes d'armes; le mot «arquebusier» est un ancien synonyme de ce mot. On les utilisait indifféremment dans les textes anciens de Nouvelle-France. Au sujet des armuriers, voir S. James Gooding: *The Canadian Gunsmiths 1608 to 1900*, Museum Restoration Service, West Hill (Ontario), 1962.

4. Québec, Archives nationales du Québec (dorénavant Q.A.N.Q.), Greffe Pierre Rivest, 23 juillet 1710, no 38.

de la Rochelle, vers 1642 – Montréal, 1720], un armurier, qui avait, en 1703, tenté de découvrir une mine d'argent mais sans succès, y aurait fait quelques travaux d'orfèvrerie. Marc-Antoine Olivier [-1688/1696-] est dit soldat lors de son mariage en 1690. À la naissance de son premier enfant en 1695, il est orfèvre. Il serait reparti pour la France peu après. Guillaume Chevreul (ou Chevreuil) [-1707 / Nouvelle-Orléans, 1725] se marie à Québec en 1707; il est alors sergent d'une troupe de la marine. En 1714, il est orfèvre à Montréal; il part pour la Nouvelle-Orléans vers 1719. Ces deux derniers cas nous portent à croire que certains militaires étaient orfèvres avant de s'engager et de venir en Nouvelle-France. À Port-Royal en 1704, un nommé Pidart [-1703/1704-] est dit «orphevre anspessades[5]»; il fait partie d'un détachement militaire. Beaucoup plus tard, à la fin du régime français, deux autres orfèvres, Pierre-François Huet [Le Mans (Sarthe), vers 1734 / 1759-] et Jean Robaille [-1757/1758-] viendront également en Nouvelle-France en tant que soldats.

Les débuts de l'orfèvrerie en Nouvelle-France se rattachent donc, au XVIIe et même au début du XVIIIe siècle, à la vie militaire de la colonie. Un orfèvre ne peut probablement pas vivre uniquement de son art en Nouvelle-France au XVIIe siècle: la clientèle n'est pas assez importante. Lorsque le besoin s'en fait sentir, cette clientèle a recours à des armuriers ou à des militaires qui ont une formation d'orfèvre. Rien ne s'y objecte d'ailleurs puisque le contrôle sévère qu'exerce sur le métier l'état français et la corporation professionnelle des orfèvres[6] n'existe pas dans la colonie. On n'aurait jamais toléré en France qu'un armurier travaille aussi en orfèvrerie. En Nouvelle-France, les œuvres d'orfèvrerie s'abîment et il faut bien trouver quelqu'un pour les réparer, les entretenir et même parfois, pour confectionner des pièces d'usage courant. L'utilisation d'armuriers comme orfèvres ne pourra cependant pas se prolonger bien longtemps après l'arrivée d'orfèvres professionnels au pays.

On ne saura probablement jamais si c'est de sa propre initiative que l'orfèvre Michel Levasseur [-1700/1712-] vint s'établir à Québec au début du XVIIIe siècle. Il est certain qu'il n'y serait pas venu à cette époque s'il n'avait eu la possibilité de vivre de son métier. Il eût, semble-t-il, une querelle professionnelle avec Jean Soullard entre les années 1702 et 1705 puisqu'on trouve, répertorié dans les papiers de Soullard, «un Arrest du Conil d'Estat du Roy Au proffit dud deffunt Soullard portant deffenses de mettre a Execution un Jugement rendu Contre luy par Monseigneur de Beauharnois lors Intendant de ce pays [entre 1702 et 1705] au proffit de Michel le Vasseur Orphevre[7]...» En 1706, Levasseur est voisin de l'arquebusier Pierre Gauvreau [Né vers 1676 – Québec, 1717] envers qui il s'était engagé, par contrat exclusif, d'enseigner son métier. L'exclusivité de ce contrat sera brisée par l'intendant Antoine-Denis Raudot [France, 1679 – Versailles (Yvelines), 1737] en 1708: Levasseur ayant manifesté le désir de retourner en France, l'intendant jugera que «... cette Stipulation [d'exclusivité] est contraire au bien publique lequel demande tout au moins pour un metier comme celuy là quil y ait deux personnes qui en fassent la profession...» et «... que celuy qui étoit le plus propre a l'entreprendre et a y reussir étoit Jacques Paget dit Carsy par plusieurs choses quil a desja fait de sa main et de son genie par lesquelles il a fait connoitre quil pouvoit y reussir[8]...» C'est ainsi que Jacques Pagé [Québec, 1682 – Québec, 1742] signera un contrat d'apprentissage avec Michel Levasseur. Ce dernier retournera en France peu après.

Pierre Gauvreau, pour sa part, ne devint jamais orfèvre de métier: en 1716, il prit comme apprenti Claude Dupont dit Leblond [Québec, 1697 / 1716-] mais uniquement pour lui enseigner le métier d'armurier. Jacques Pagé, par contre, fut l'un des plus habiles orfèvres de Nouvelle-France. Il eût même l'intention, en 1713, d'aller à Paris exercer son métier; il est peu probable qu'il ait réalisé ce projet. Il eût peut-être pour apprenti son frère, Joseph Pagé [Québec, 1701 – Antilles, vers 1730] et il trouva moyen d'être aussi horloger. En 1723, Jacques Pagé héritera de la brasserie de son père; ses activités d'orfèvre en seront considérablement réduites par la suite.

5. Cité dans les *Documents relatifs à la monnaie, au change et aux finances du Canada sous le régime français*. Textes choisis et édités avec commentaires et introduction par Adam Shortt, Bureau des publications historiques des Archives publiques du Canada, Ottawa, 1925, vol. I, p. 134 et 136. Le mot «anspessade» désignait, dans la hiérarchie militaire de l'époque, un fusilier ancien qui secondait le caporal, chef de rang aux mousquetaires.

6. Voir Luc Lanel: *L'orfèvrerie*, «Que sais-je?, no 131», Presses universitaires de France, Paris, 1964.

7. Q.A.N.Q., Greffe Pierre Rivest, 23 juillet 1710, no 38.

8. Q.A.N.Q., Greffe Jacques Barbel, 2 mai 1708.

Figure 11
Motif en ajour ornant la cheminée d'un encensoir
Détail d'une pièce (cat. nº 97) attribuée
à Jacques Gadois.

Bien que très peu d'œuvres de François Chambellan [Paris, vers 1688 – Québec, 1747] nous soient connues, il n'en demeure pas moins un personnage central dans le développement de l'orfèvrerie en Nouvelle-France. Il avait acquis sa formation en France. En 1717, il épousa à Québec la sœur de Claude Monmellian dit Saint-Germain [Québec, 1701 / 1723-] avec qui il s'associera en 1723. L'un des témoins à son mariage est Jean-Baptiste Gobelin dit Saint-Marc [Saint-Pierre, Île d'Orléans, 1693 – Mort entre 1720 et 1726] qui fut probablement son apprenti. Durant un séjour à Montréal, entre 1719 et 1723, Chambellan rencontre Jean-Baptiste Deschevery [Bayonne (Pyrénées-Atlantiques), vers 1695 – Québec, vers 1745] avec qui il s'associera plus tard à Québec. En 1724, il engage Michel Cotton [Québec, 1700 – Sainte-Famille, Île d'Orléans, 1773] comme apprenti et, en 1725, François Lefebvre [Québec, 1705 / 1781-]. Lorsqu'il meurt en 1747, Chambellan ne possède que quelques outils d'orfèvre; il n'a pas de fortune. On a l'impression qu'il a tenté toute sa vie d'exercer son métier en Nouvelle-France – et de vivre uniquement de son métier, mais sans succès.

La ville de Québec est le principal centre d'activité des orfèvres sous le régime français. Plusieurs d'entre eux vont à Montréal pendant quelques années, mais peu s'y fixent de façon définitive. On ne sait pas où Jacques Gadois [(?) Montréal, vers 1686 – Montréal, 1750] a été formé au métier, mais il est à Montréal en 1714. Il y restera toute sa vie. Chose curieuse, car il était en contact avec plusieurs orfèvres et il était fort actif, on ne lui connaît pas d'apprenti. Il était peut-être trop occupé par ses activités commerciales: il tenait un important magasin général. Samuel Payne [Londres, vers 1696 / 1732-] avait acquis sa formation dans sa ville natale. Il réside à Montréal de 1725 à 1732 et prend même à son service pour quatre mois en 1731 un garçon orfèvre, Jacques Dache [-1731/1734-] sur lequel nous ne savons pratiquement rien.

Entre 1700 et 1730, on assiste à des tentatives d'implantation du métier à Québec et à Montréal. Les armuriers-orfèvres disparaissent et des orfèvres arrivent de France. Ils transmettent leurs connaissances par l'apprentissage. Cependant, alors qu'en France on limite le nombre des orfèvres dans les diverses villes et on réglemente la profession, aucun système de contrôle officiel n'est appliqué en Nouvelle-France. Les orfèvres se déplacent de Québec à Montréal et de Montréal à Québec cherchant à trouver une clientèle trop peu nombreuse pour tous les faire vivre. Ceux qui réussissent

Tableau A

Orfèvres actifs à Québec sous le régime français

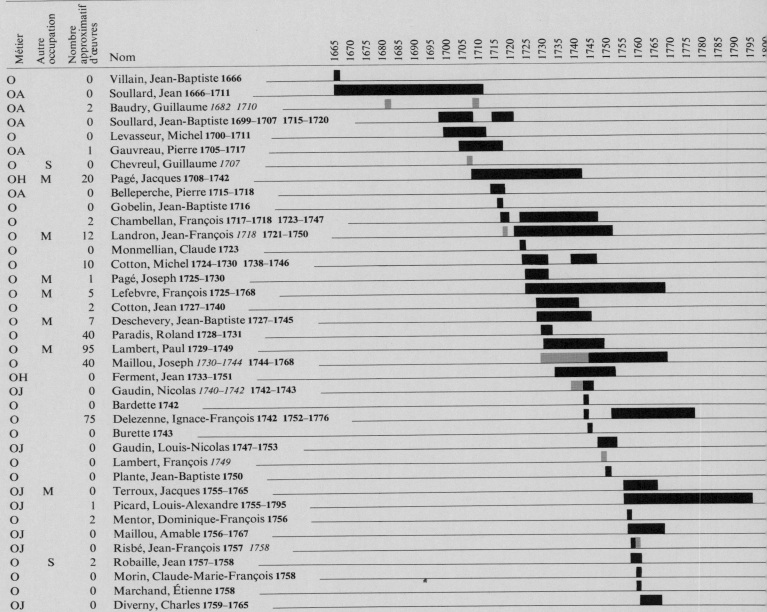

Métier	Autre occupation	Nombre approximatif d'œuvres	Nom
O		0	Villain, Jean-Baptiste **1666**
OA		0	Soullard, Jean **1666–1711**
OA		2	Baudry, Guillaume *1682 1710*
OA		0	Soullard, Jean-Baptiste **1699–1707 1715–1720**
O		0	Levasseur, Michel **1700–1711**
OA		1	Gauvreau, Pierre **1705–1717**
O	S	0	Chevreul, Guillaume *1707*
OH	M	20	Pagé, Jacques **1708–1742**
OA		0	Belleperche, Pierre **1715–1718**
O		0	Gobelin, Jean-Baptiste **1716**
O		2	Chambellan, François **1717–1718 1723–1747**
O	M	12	Landron, Jean-François *1718* **1721–1750**
O		0	Monmellian, Claude **1723**
O		10	Cotton, Michel **1724–1730 1738–1746**
O	M	1	Pagé, Joseph **1725–1730**
O	M	5	Lefebvre, François **1725–1768**
O		2	Cotton, Jean **1727–1740**
O	M	7	Deschevery, Jean-Baptiste **1727–1745**
O		40	Paradis, Roland **1728–1731**
O	M	95	Lambert, Paul **1729–1749**
O		40	Maillou, Joseph *1730–1744* **1744–1768**
OH		0	Ferment, Jean **1733–1751**
OJ		0	Gaudin, Nicolas *1740–1742* **1742–1743**
O		0	Bardette **1742**
O		75	Delezenne, Ignace-François **1742 1752–1776**
O		0	Burette **1743**
OJ		0	Gaudin, Louis-Nicolas **1747–1753**
O		0	Lambert, François *1749*
O		0	Plante, Jean-Baptiste **1750**
OJ	M	0	Terroux, Jacques **1755–1765**
OJ		1	Picard, Louis-Alexandre **1755–1795**
O		2	Mentor, Dominique-François **1756**
OJ		0	Maillou, Amable **1756–1767**
OJ		0	Risbé, Jean-François **1757** *1758*
O	S	2	Robaille, Jean **1757–1758**
O		0	Morin, Claude-Marie-François **1758**
O		0	Marchand, Étienne **1758**
OJ		0	Diverny, Charles **1759–1765**

Légende
A Armurier (ou arquebusier).
H Horloger.
J Joaillier (ou bijoutier).
M Marchand.
O Orfèvre.
S Soldat.

Les périodes représentées par un trait ombragé 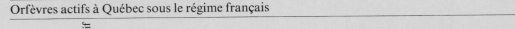 reposent sur des documents d'archives qui ne spécifient pas une activité d'orfèvre en tant que telle; elles correspondent aux dates composées en *italiques* qui suivent le nom de l'orfèvre.

Tableau B

Orfèvres actifs à Montréal sous le régime français

Métier	Autre occupation	Nombre approximatif d'œuvres	Nom
O		0	Villain, Jean-Baptiste *1670*
OA		0	Fézeret, René **1692–1720**
O	S	0	Olivier, Marc-Antoine **1695**
O	S	0	Chevreul, Guillaume **1714**
O	M	7	Gadois, Jacques **1714–1750**
O	M	7	Deschevery, Jean-Baptiste *1718–1721*
O	M	12	Landron, Jean-François **1719**
O		0	Gobelin, Jean-Baptiste **1719–1720**
O		2	Chambellan, François **1719–1721**
O		4	Payne, Samuel **1725–1732**
O		10	Cotton, Michel **1730–1737**
O		0	Dache, Jacques **1731**
OH		0	Ferment, Jean **1733**
O		0	Serré, Jean-Baptiste **1733**
O		40	Paradis, Roland **1733–1754**
O		0	Larchevesque, Charles **1734**
O		75	Delezenne, Ignace-François **1743–1752**
O		0	Legu, Jean-Baptiste **1748**
O		2	Mentor, Dominique-François **1749**
O		0	Plante, Jean-Baptiste **1750–1759**
O		0	Joram Chappuis, Jean **1755–1760**
O		0	Gaudin, Louis-Nicolas **1755–1809**
O		20	Delique, Charles-François **1756–1780**
O	S	0	Le Tenneur, Joseph **1758–1759**
O	S	0	Huet, Pierre-François **1759**
O		22	Varin, Jacques **1762–1791**

Échelle chronologique (en-tête) : 1665, 1670, 1675, 1680, 1685, 1690, 1695, 1700, 1705, 1710, 1715, 1720, 1725, 1730, 1735, 1740, 1745, 1750, 1755, 1760, 1765, 1770, 1775, 1780, 1785, 1790, 1795, 1800

Légende
A Armurier (ou arquebusier).
H Horloger.
M Marchand
O Orfèvre.
S Soldat.

Les périodes représentées par un trait ombragé reposent sur des documents d'archives qui ne spécifient pas une activité d'orfèvre en tant que telle; elles correspondent aux dates composées en *italiques* qui suivent le nom de l'orfèvre.

37

à se fixer exercent des activités parallèles à leur métier. C'est ce qui se passe dans le cas de Jean-François Landron [Québec, 1686 – Mort avant 1762], orfèvre et négociant qui a même été propriétaire d'au moins un vaisseau. Cela semble aussi être le cas de François Lefebvre, ancien apprenti de Chambellan, qui, avec un dénommé Havy, aurait importé de France des objets religieux. La profession d'orfèvre s'est, malgré tout, implantée en Nouvelle-France pour y rester.

L'âge d'or, pour ainsi dire, de l'orfèvrerie sous le régime français fut la période de 1730 à 1750. Peu avant 1730, on voit apparaître à Québec Roland Paradis [(?) Paris, vers 1696 – Montréal, 1754] et Paul Lambert [Arras (Pas-de-Calais), 1691 ou 1703– Québec, 1749]. Ce n'est certainement pas par hasard qu'il nous soit resté plus d'œuvres de Paul Lambert que de tout autre orfèvre du régime français. Il avait réussi à s'approprier la majeure partie de la clientèle civile et religieuse de Québec et des environs. Joseph Maillou [Québec, 1708 – Québec, 1794], qui avait peut-être été son apprenti et dont il épousa la sœur en 1748, travaillait avec lui. L'inventaire après décès de Lambert[9] est l'un des documents les plus importants sur l'orfèvrerie du régime français. Il contient un relevé des œuvres auxquelles Lambert travaillait lors de sa mort ainsi que la liste complète de ses outils.

Roland Paradis ne resta pas longtemps à Québec, probablement à cause de la place qu'y tenait Lambert. À partir de 1733, on le retrouve installé à Montréal. En 1748, il prend pour dix ans avec lui un alloué, Jean-Baptiste Legu dit La Noue [Montréal, 1737 / 1762-]. À la fin de sa vie, Paradis travaille avec un parent venu le rejoindre en Nouvelle-France, Charles-François Delique [(?) Paris, vers 1723 / 1780-]. Paradis et Delique sont tous deux fils d'orfèvres parisiens. Ignace-François Delezenne [Lille (Nord), vers 1717 – Baie-du-Febvre, 1790] est le troisième grand orfèvre de cette période avec Paradis et Lambert. Il s'établit d'abord à Québec, mais il quittera sans doute cette ville pour les mêmes raisons que Paradis. Il est à Montréal de 1743 à 1752. En 1749, il prend Dominique-François Mentor [Né vers 1723 – Montréal, 1773], un esclave noir affranchi, comme apprenti et alloué. C'est peu de temps après la mort de Lambert que Delezenne reviendra à Québec. On constate dès lors qu'entre 1730 et 1750, trois

9. On trouvera de longs extraits de cet inventaire dans Gérard Morisset: *Paul Lambert dit Saint-Paul*, «Collection Champlain», Médium, Montréal et Québec, 1945, p. 93–102.

Figure 12
Tête d'ange
Détail d'un ostensoir (cat. nº 112) de Paul Lambert.

Figure 13
Attribué à Ignace-François Delezenne
Encensoir (cat. nº 83)

des orfèvres les plus productifs du régime français réussirent à exercer leur métier simultanément et sans compter, du moins apparamment, sur d'autres moyens de subsistance. Il s'agit là d'une importante amélioration de la situation antérieure.

Au cours des dernières années du régime français, de 1750 à 1760, les orfèvres s'adonneront à une activité nouvelle, celle de la fabrication de pièces d'orfèvrerie de traite, destinée aux échanges de fourrures avec les Indiens. Cette activité est concentrée autour d'Ignace-François Delezenne qui semble avoir été l'orfèvre attitré de l'intendant François Bigot [Bordeaux (Gironde), 1703 – Suisse, vers 1777]. Delezenne garde alors Mentor comme apprenti. Il est aussi lié à Louis-Alexandre Picard [Paris, vers 1727 – Montréal, 1799], un orfèvre qui est dit «bijoutier» et «joaillier[10]». Picard est très occupé pendant cette période. Avant 1755, il s'est associé à Jacques Terroux [-1755/1766-], un autre orfèvre-bijoutier; il prend successivement comme apprentis à son art Amable Maillou [Québec, 1739 – Detroit, 1808] en 1756, Jean-François Risbé [Valognes (Manche), vers 1738/ 1758-] en 1757 et Charles Diverny dit Saint-Germain [Québec, 1737 / 1765-] en 1759. Delezenne, de son côté, engage à son service comme orfèvre, en 1757, un ancien militaire, Jean Robaille et il prend en 1758 un apprenti, Étienne Marchand [Québec, 1739 / 1761-]. On ne peut malheureusement pas retracer avec certitude l'orfèvrerie de traite datant de cette époque. Après la conquête, la fabrication d'orfèvrerie de traite s'accélèrera et constituera une très importante source de revenus pour les orfèvres.

Delezenne, qui est à l'origine de la carrière de François Ranvoyzé [Québec, 1739 – Québec, 1819], continue à exercer son métier sous le régime anglais. Il n'est d'ailleurs pas seul à le faire car il semble y avoir eu, tout au plus, une diminution momentanée des commandes immédiatement après la conquête. À Montréal, un orfèvre comme Jacques Varin [Montréal, 1736 – Montréal, 1791] avait été formé sous le régime français bien que sa période d'activité se situe sous le régime anglais. Les traditions du métier d'orfèvre avaient été bien implantées en Nouvelle-France et les besoins de la clientèle persistèrent malgré d'importantes transformations sociales.

---

10. Dans son *Encyclopédie*, Denis Diderot fait une distinction entre l'orfèvre grossier (ou ordinaire), l'orfèvre-joaillier et l'orfèvre-bijoutier, ces deux derniers s'occupant d'objets précieux ou de parure. On emploie indifféremment toutefois les termes de «bijoutier» et de «joaillier» dans les textes anciens de Nouvelle-France.

Tableau C

Orfèvres de Nouvelle-France nés à l'extérieur du pays

Nom	Lieu de naissance	Date
Chambellan, François	Paris	vers 1688
Chevreul, Guillaume	Normandie	XVIIe siècle
Delezenne, Ignace-François	Lille (Nord)	vers 1717
Delique, Charles-François	(?) Paris	vers 1723
Deschevery, Jean-Baptiste	Bayonne (Pyrénées-Atlantiques)	vers 1695
Fézeret, René	(?) Saint-Sauveur de la Rochelle	vers 1642
Gaudin, Nicolas	Brest (Finistère)	vers 1695
Huet, Pierre-François	Le Mans (Sarthe)	vers 1734
Joram Chappuis, Jean	Besançon (Doubs)	vers 1718
Lambert, Paul	Arras (Pas-de-Calais)	1691 ou 1703
Levasseur, Michel	France	XVIIe siècle
Olivier, Marc-Antoine	Beauvais (Oise)	XVIIe siècle
Paradis, Roland	(?) Paris	vers 1696
Payne, Samuel	Londres	vers 1696
Picard, Louis-Alexandre	Paris	vers 1727
Risbé, Jean-François	Valognes (Manche)	vers 1738
Soullard, Jean	(?) Saint-Sauveur de la Rochelle	vers 1642
Terroux, Jacques	Genève	XVIIIe siècle
Villain, Jean-Baptiste	(?) Paris	XVIIe siècle

Tableau D

Orfèvres de Nouvelle-France nés au pays

Nom	Lieu de naissance	Date
Baudry, Guillaume	Québec	1656
Belleperche, Pierre	Québec	1699
Cotton, Michel	Québec	1700
Diverny, Charles	Québec	1737
Gadois, Jacques	(?) Montréal	vers 1686
Gaudin, Louis-Nicolas	Québec	1725
Gobelin, Jean-Baptiste	Saint-Pierre, Île d'Orléans	1693
Lambert, François	Québec	1736
Landron, Jean-François	Québec	1686
Larchevesque, Charles	Montréal	1716
Lefebvre, François	Québec	1705
Legu, Jean-Baptiste	Montréal	1737
Maillou, Amable	Québec	1739
Maillou, Joseph	Québec	1708
Marchand, Étienne	Québec	1739
Monmellian, Claude	Québec	1701
Pagé, Jacques	Québec	1682
Pagé, Joseph	Québec	1701
Serré, Jean-Baptiste	Montréal	1723
Soullard, Jean-Baptiste	(?) Québec	vers 1677
Varin, Jacques	Montréal	1736

On constate que la plupart des orfèvres les plus actifs de Nouvelle-France étaient nés et avaient été formés en France. C'est le cas de François Chambellan, de Charles-François Delique, d'Ignace-François Delezenne, de Jean-Baptiste Deschevery, de Paul Lambert, de Michel Levasseur, de Roland Paradis et de Louis-Alexandre Picard. Parmi les orfèvres nés et formés en Nouvelle-France, il y a Michel Cotton, Jean-François Landron, François Lefebvre, Joseph Maillou, Jacques Pagé et son frère Joseph. On ne peut passer ce fait sous silence lorsqu'on regarde les œuvres de ces orfèvres et qu'on les compare à la production française de la même époque. Quelques-uns des orfèvres venus en Nouvelle-France n'avaient pu, semble-t-il, exercer leur métier en France à cause de la limitation du nombre d'or-fèvres dans les différentes juridictions françaises.

Si nous connaissons beaucoup de noms d'orfèvres, nos informations sur un grand nombre d'entre eux sont limitées tant du point de vue de leur bio-graphie que de leur œuvre. Il semble toutefois que seuls quelques-uns aient exercé leur métier avec une certaine constance. Étant donné que le gouvernement de la Nouvelle-France n'exerçait aucun contrôle sur la profession, le nombre d'orfèvres pouvait devenir excessif, ce qui engen-drait une trop forte concurrence. Cela expliquerait peut-être le fait que Jean Ferment [-1733 / Mort vers 1756], horloger et orfèvre, soit parti en 1751 pour devenir interprète de la langue anglaise au fort Beauséjour, où il mourut, que Joseph Pagé, orfèvre et marchand, soit mort aux Antilles vers 1730, que Jacques Dache soit parti pour les Antilles vers 1734, que Jean-Baptiste Plante [Né vers 1729] soit mort à Saint-Domingue entre 1760 et 1768, que l'on ait perdu trace de Samuel Payne en 1732, et nombre d'autres choses...

Les conditions d'exercice du métier

Il est certain que les orfèvres du régime français, les orfèvres-bijoutiers en particulier, ont utilisé de l'or pour fabriquer des bijoux, des alliances et d'autres petites parures. Nous ne savons rien cependant de ces œuvres et nous pouvons dire que la plus grande partie de la production des orfèvres consistait en objets d'argent. Comme aucune mine d'argent n'a été exploitée en Nouvelle-France à cette époque, il fallait que l'argent provienne d'autres sources. Les pièces d'orfèvrerie déjà en usage étaient l'une de ces sources, car elles pouvaient être fondues et transformées. Les exemples de pareilles transformations sont nombreux. Jacques Joybert [Québec, 1677 – Québec, 1703], seigneur de Soulanges, avait donné à l'orfèvre Michel Levasseur, avant 1703, du «vieil» argent, dont six cuillers et six fourchettes, pour qu'il lui fabrique douze cuillers et douze fourchettes d'argent «à la mode[11]». Dans l'inventaire après décès de Paul Lambert, en 1749, on peut lire qu'il avait reçu «un vieux pot d'argent de Madame Beaujeu pezant quatre Marcs moins Trois gros pour en faire un Neuf[12]». Le même phénomène se produit pour l'orfèvrerie religieuse. Il suffit de rappeler le cas de l'encensoir d'argent de Notre-Dame de Québec fondu par Jean-François Landron pour en faire un neuf en 1724 ou celui de la lampe de sanctuaire (cat. n° 118) du Monastère des Ursulines de Québec que Paul Lambert créa en 1739 à partir de pièces d'orfèvrerie anciennes[13].

La deuxième source de matière première pour les orfèvres était la monnaie d'argent qui circulait en Nouvelle-France. Une partie de cette monnaie était française, mais la contrebande des fourrures intro-duisait aussi dans la colonie des espèces espagnoles, portugaises et anglaises. Un des premiers textes relatifs à la transformation de monnaie en pièces d'orfèvrerie date de 1704 et concerne un orfèvre nommé Pidart, militaire en garnison à Port-Royal, qui travaillait pour Jacques-François de Mombeton de Brouillan [Né en 1651 – Chedabouctou (Guys-borough, N.-É.), 1705], alors gouverneur de l'Acadie[14]. En théorie, il était strictement défendu de faire fondre de la monnaie d'argent. Un passage

---

11. Q.A.N.Q., Greffe Louis Chambalon, 2 mai 1703.

12. Cité dans Gérard Morisset: *op. cit.*, p. 98.

13. *Les Ursulines de Québec depuis leur établissement jusqu'à nos jours*, C. Darveau, Québec, 1878, vol. II, p. 183–184.

14. *Documents relatifs à la monnaie, au change et aux finances du Canada sous le régime français, ibid.*, p. 134 et 136.

de l'article 15 d'un édit royal de 1720 se lisait comme suit: «Défendons à tous orfèvres, joualiers et autres ouvriers travaillant or et argent de difformer aucunes espèces de monnaie pour les employer à leurs ouvrages, à peine des galères à perpétuité[15]». Cet édit s'appliquait à la Nouvelle-France aussi bien qu'à la France et pourtant on n'en fit aucun cas dans la colonie. Les gens du clergé et les personnages les plus en vue aussi bien que les plus humbles apportaient leurs pièces d'argent aux orfèvres pour qu'ils les transforment en pièces d'orfèvrerie.

«Avant l'arrivée des troupes de France dans cette colonie, écrit-on en 1758, il y avoit très peu d'espèce le peu qui en paroissoit repandu par les officiers des vaisseaux du Roy et des navires marchands étoit enlevé aussitôt par les particuliers qui en faisoient faire de la vaisselle ou qui l'enfermoient pour ne plus reparoitre[16]». Cette citation décrit bien la situation telle qu'elle était avant 1755. Presque toute la monnaie française d'or et d'argent parvenait en Nouvelle-France par l'intermédiaire de la solde des troupes. Comme cette solde n'arrivait pas toujours à temps chaque année, l'intendant Jacques de Meulles [Mort 1703] mit en circulation, pour la première fois en 1685, une monnaie de cartes. Il était en principe possible de convertir ces cartes en argent. Les espèces sonnantes de France, tout comme les pièces d'orfèvrerie, étaient peut-être pour ceux qui les accumulaient une façon de se garantir une certaine sécurité si jamais ils retournaient en France. Après la conquête, les monnaies d'or et d'argent françaises furent remises en circulation par ceux qui en avaient fait provision, ce qui avantagea certainement les orfèvres de la seconde moitié du XVIIIe siècle[17].

Il n'a pas été possible, jusqu'ici, de prouver que les orfèvres aient eu d'autres sources d'approvisionnement en argent que les pièces d'orfèvrerie ou la monnaie d'argent apportée par leurs clients. Aucune mention n'a pu être retrouvée concernant la venue au pays, de France ou d'ailleurs en Amérique, d'argent en lingots. Il ne faut cependant pas négliger le fait que plusieurs orfèvres de Nouvelle-France étaient marchands et que les contacts avec l'extérieur de la colonie leur étaient aussi utiles que nécessaires.

Pour exercer son métier, un orfèvre avait besoin d'un atelier, comprenant une forge, et de nombreux outils[18]. La qualité et la variété des outils conditionnaient ses possibilités techniques. On les mentionne parfois dans les documents. Ainsi, les inventaires après décès de Jacques Pagé et de Paul Lambert nous apprennent qu'ils possédaient un très grand nombre d'outils d'orfèvre. Quand Jacques Pagé était devenu l'apprenti de Michel Levasseur en 1708, une clause du contrat avait préalablement prévu qu'au cas du départ de Levasseur, le père de Pagé achèterait les outils de l'orfèvre français[19]. La majorité des outils utilisés par les orfèvres de Nouvelle-France devait provenir de France; ils constituaient donc, en soi, un bien précieux et leur transmission ou leur vente était d'une grande importance. Paul Lambert, par testament, légua ses outils à son fils en 1749. Les outils de Roland Paradis furent donnés, par sa veuve, à Charles-François Delique en 1756.

En 1757, Ignace-François Delezenne s'engage à faire venir de France, «par pure affection d'amitié[20]», un certain nombre d'outils pour Jean Robaille qui travaille avec lui comme compagnon orfèvre. On dresse une liste de plusieurs outils tout en prenant bien soin de souligner qu'ils doivent être faits de main de maître. Il est également fait mention dans cette liste d'un «poinçon de Maitre, pour Marquer l'ouvrage, marqué IR avec Sa petite couronne au dessus[21]». On peut se demander, à partir de ce texte, si les outils qui pouvaient être fabriqués en Nouvelle-France permettaient aux orfèvres d'effectuer des travaux aussi complexes que ceux de leurs confrères français. Un orfèvre originaire de Nouvelle-France (ou venu en Nouvelle-France sans outils) devait certainement éprouver à cette époque des difficultés à s'en procurer à moins d'être capable de s'en fabriquer lui-même.

Les liens entre les orfèvres de Nouvelle-France étaient multiples et, même s'il n'existait pas de confrérie, un certain contrôle de la qualité de la production devait s'exercer du fait que tous se connaissaient. L'apprentissage ou la relation de maître à apprenti était le premier de ces liens. En

15. Cité dans *ibid.*, p. 480.

16. Cité dans *ibid.*, p. 870 et 872.

17. *Ibid.*, p. 850, note 1.

18. Voir, au sujet des outils employés, Denis Diderot: *Encyclopédie, ou Dictionnaire raisonné des sciences. Recueil de planches sur les sciences, les arts libéraux et les arts méchaniques avec leur explication*, Cercle du livre précieux, Paris, 1964–1966, vol. IV, *s.v.* Orfèvre grossier.

19. Q.A.N.Q., Greffe Jacques Barbel, 2 mai 1708.

20. Q.A.N.Q., Greffe Christophe-Hilarion Dulaurent, 25 juillet 1757.

21. *Ibid.*

Figure 14
Tête de forme anthropomorphe
Détail d'une soupière (cat. nº 162)
de Jacques Varin.

France, sauf pour les fils de maîtres orfèvres qui avaient appris le métier avec leur père, l'apprentissage durait huit ans. Cet apprentissage terminé, l'apprenti devait faire une œuvre jugée par deux maîtres avant de pouvoir utiliser son propre poinçon[22]. Si l'on s'en tient aux contrats d'apprentissage connus, il n'y avait pas de règles précises en Nouvelle-France. Le 15 juin 1708, Jacques Pagé ne devient l'apprenti de Michel Levasseur que pour quelques mois car Levasseur doit retourner en France à l'automne; Levasseur ne s'embarquera toutefois pas cette année-là et Pagé restera peut-être apprenti plus longtemps que stipulé dans le contrat. D'ailleurs, la qualité de ses œuvres démontre bien qu'il sut profiter de l'enseignement de son maître qui s'était obligé à lui apprendre son art «tant pour Lor, argent, fer Blanc et autres consernant led. art, et soudre Les soudures et apprendre et donner conn[ce]. aud. s[r]. carcy des le commansement de septembre prochain des figures qui regarde led. art Sans rien cacher aud. s[r]. carcy[23]...»

En 1715, Jean-Baptiste Soullard prend Pierre Belleperche comme apprenti au métier d'arquebusier et d'orfèvre pour une durée de trois ans: Soullard doit payer 75# à Belleperche comme salaire. Lorsqu'en 1724 il devient pour un an l'apprenti de François Chambellan, Michel Cotton est déjà cordonnier et il a même eu des apprentis. Cotton s'oblige à payer 100# à Chambellan.

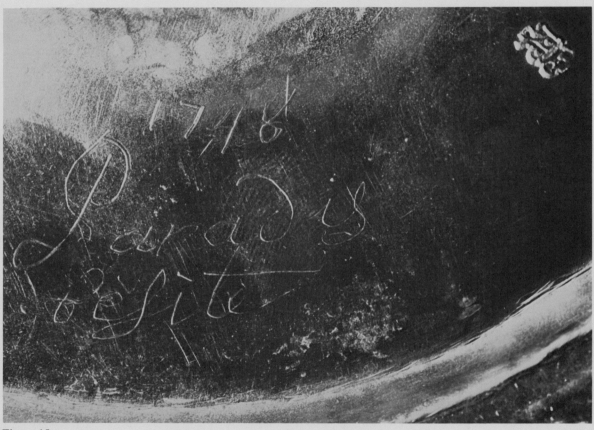

Figure 15
Poinçon et inscription sous le pied d'un calice
Détail d'une pièce (cat. n° 148) de
Roland Paradis.

22. Voir Solange Brault et Yves Bottineau: *L'orfèvrerie française du XVIIIe siècle*, «*L'œil du connaisseur*», Presses universitaires de France, Paris, 1959, p. 15.

23. Q.A.N.Q., Greffe Jacques Barbel, 2 mai 1708.

François Lefebvre s'engage pour deux ans chez Chambellan en 1725. Jean-Baptiste Serré [Montréal, 1723 / 1733-] est âgé de dix ans en 1733 lorsqu'il s'engage pour huit ans chez Michel Cotton: le contrat est résilié moins d'un mois après sa signature. Charles Larchevesque [Montréal, 1716 / 1734-] s'engage comme serviteur et apprenti chez Michel Cotton pour une période de trois ans en 1734; son salaire est de 100#. Jean-Baptiste Legu dit La Noue s'engage pour dix ans chez Roland Paradis en 1748 à titre d'alloué. Ignace-François Delezenne engage Dominique-François Mentor pour six ans en 1749 au salaire de 150# et, à nouveau en 1756, pour deux ans au salaire de 200# par année avec possibilité d'une troisième année au salaire de 300#. Delezenne engage aussi Étienne Marchand en 1758; le contrat est d'un an au salaire de 750#. Claude-Marie-François Morin [-1758-] est engagé par Jean Robaille en 1758 pour un an. Louis-Alexandre Picard engage trois apprentis: en 1756, Amable Maillou pour six ans avec une gratification totale de 200#, en 1757, Jean-François Risbé pour quatre ans avec une gratification de 150# pour les trois premières années et de 200# pour la quatrième, en 1759, Charles Diverny dit Saint-Germain pour trois ans comme apprenti avec gratification de 100# par année et pour un an en qualité de compagnon au salaire de 200#. Le contenu des contrats est extrêmement varié.

La durée de l'apprentissage est rarement la même et elle n'atteint huit ans ou plus que pour Mentor et Legu dit La Noue. Un seul apprenti est obligé de payer pour apprendre: Michel Cotton, qui possédait déjà un métier. Les autres sont engagés au pair; en échange de leur travail ils reçoivent l'enseignement du maître et sont nourris, blanchis, logés, et même parfois, vêtus. Il arrive qu'ils touchent une gratification ou un salaire. La somme est plus ou moins élevée selon que l'orfèvre a plus ou moins besoin d'aide et que les parents entretiennent ou non leur enfant. Les apprentis constituent une main-d'œuvre à bon marché. La courte durée des apprentissages connus en Nouvelle-France a probablement eu son infuence sur la qualité du métier des apprentis.

Il arrivait qu'un orfèvre s'associe à un autre orfèvre: ces associations nous sont connues par les documents d'archives. François Chambellan s'associa au moins trois fois à d'autres: en 1723, à son beau-frère Claude Monmellian – dont nous savons si peu de choses que nous pouvons même douter qu'il ait été orfèvre – avant 1729, à son ancien apprenti Michel Cotton et, avant 1734, à Jean-Baptiste

Deschevery. Son association à Michel Cotton se termine par une dispute qui nous permet de connaître le jugement sévère que porte Chambellan sur la qualité du travail de son associé: «... je ne Sache pas estre obligé de travailler pendant qu'un apprenty Se promesne et luy fournir Sa part des ouvrages quil n'est pas Capable de faire[24].» Les orfèvres-bijoutiers Louis-Alexandre Picard et Jacques Terroux s'associèrent également avant 1755; ils rompirent leur association pour s'établir respectivement à leur propre compte. Les associations que nous connaissons ne semblent pas avoir été de longue durée.

Lorsque les commandes reçues le leur permettaient, certains orfèvres engageaient d'autres orfèvres à leur service. En 1731, Samuel Payne engagea Jacques Dache comme garçon orfèvre pour la brève période de quatre mois. Des documents relatifs à un vol commis chez Michel Cotton à Montréal en 1733 nous permettent d'apprendre que Jean Ferment, horloger et orfèvre, logeait chez lui et travaillait avec lui. Ignace-François Delezenne avait engagé Jean Robaille comme compagnon orfèvre avant 1757 et il passait avec lui un marché en 1758: Robaille allait travailler à la fabrication de pièces d'orfèvrerie de traite pour Delezenne pendant deux ans et quatre mois. Nous ne connaissons pas de convention signée entre Roland Paradis et son parent Charles-François Delique, mais nous savons que Delique travailla pour Paradis et qu'il utilisait ses outils. Joseph Maillou aurait travaillé à Québec pour Paul Lambert pendant une quinzaine d'années et il est fort possible qu'il ait commencé comme apprenti de Lambert. Les orfèvres les plus actifs engageaient donc des apprentis, des compagnons (orfèvres venant de terminer leur apprentissage), ou d'autres orfèvres. Il leur arrivait même de confier à d'autres la fabrication de pièces qu'ils s'étaient eux-mêmes engagés à faire. Grâce à un procès qui eut lieu à Montréal en 1737 et en 1738, on apprend que Michel Cotton exécutait certains travaux pour Jacques Gadois. Nombreux étaient les liens professionnels entre les orfèvres de Nouvelle-France.

Les liens de famille et d'amitié qui existaient entre les orfèvres semblent montrer qu'ils évoluaient dans un milieu qui leur était particulier et qu'ils formaient un groupe social distinct. Guillaume Baudry épouse, en 1682, la fille de Jean Soullard, François Chambellan, en 1717, la sœur de Claude

24. Q.A.N.Q., Documents de la Prévôté de Québec, 1668–1759, NF-20-5, 18 mars 1729.

Monmellian, et Paul Lambert, en 1748, la sœur de Joseph Maillou. Nicolas Gaudin est le père de Louis-Nicolas Gaudin, Jean Soullard, ie père de Jean-Baptiste Soullard, Jacques Pagé, le frère de Joseph Pagé, Joseph Maillou, l'oncle d'Amable Maillou. Quant à Charles-François Delique, il est le parent de Roland Paradis par sa mère, Geneviève Paradis.

Amis, ils sont souvent témoins à des actes notariés qui impliquent d'autres orfèvres. Ainsi, au premier mariage de François Chambellan en 1717, Jean-Baptiste Gobelin signe comme témoin; à son second mariage en 1721, Jean-Baptiste Deschevery fait de même. Chambellan assiste au mariage de Gobelin en 1719 et tout porte à croire qu'une relation de maître à apprenti existe entre eux. Jacques Gadois assiste au mariage de Deschevery en 1718 et à celui d'Ignace-François Delezenne en 1748. Il est témoin lorsque Michel Cotton engage Charles Larchevesque comme apprenti en 1734. Jean-François Landron est le parrain de la fille de Deschevery en 1727 et la femme de Landron est la marraine d'Amable Maillou lorsqu'il est baptisé en 1739. Louis-Alexandre Picard est le parrain du fils de Delezenne en 1757 et, en 1759, Delezenne est témoin à son mariage. Joseph Le Tenneur [-1758/1759-] est témoin au mariage de son

Tableau E

Contrats entre maîtres et apprentis			
Maître	Lieu	Date	Apprenti
Chambellan, François	Québec	1724	Cotton, Michel
Chambellan, François	Québec	1725	Lefebvre, François
Cotton, Michel	Montréal	1733	Serré, Jean-Baptiste
Cotton, Michel	Montréal	1734	Larchevesque, Charles
Delezenne, Ignace-François	Montréal	1749	Mentor, Dominique-François
Delezenne, Ignace-François	Québec	1756	Mentor, Dominique-François
Delezenne, Ignace-François	Québec	1758	Marchand, Étienne
Levasseur, Michel	Québec	avant 1708	Gauvreau, Pierre
Levasseur, Michel	Québec	1708	Pagé, Jacques
Paradis, Roland	Montréal	1748	Legu, Jean-Baptiste
Picard, Louis-Alexandre	Québec	1756	Maillou, Amable
Picard, Louis-Alexandre	Québec	1757	Risbé, Jean-François
Picard, Louis-Alexandre	Québec	1759	Diverny, Charles
Robaille, Jean	Québec	1758	Morin, Claude-Marie-François
Soullard, Jean-Baptiste	Québec	1715	Belleperche, Pierre

ami Pierre-François Huet en 1759. Enfin, Joseph Maillou est le parrain de la fille de Paul Lambert en 1730. Tous ces liens sont certainement plus que l'effet du hasard: le métier qu'exerçaient les orfèvres les mettait constamment en contact les uns avec les autres. Il se disputaient, d'ailleurs, la même clientèle.

Peu d'œuvres nous restent des orfèvres du régime français, mais chacune de celles que nous connaissons, aussi modeste soit-elle, vient ajouter à notre connaissance de l'orfèvrerie de cette époque.

Figure 16
Poinçons et inscription sous le fond d'une (?) *tasse à quêter*
Détail d'une pièce (cat. n° 116) de Paul Lambert.

Figure 17
François Ranvoyzé [Québec, 1739 –
Québec, 1819]
Calice   Québec, 1784
H: 10-1/4 po (26,0 cm)
Ottawa, Galerie nationale du Canada,
15591.1.
Cette œuvre ne fait pas partie de la
présente exposition.

L'orfèvrerie n'était pas une nécessité absolue en Nouvelle-France, mais elle n'était pas non plus uniquement un luxe. Elle perpétuait dans la société française d'Amérique du nord des traditions civiles et religieuses acquises en France et permettait aux habitants de la Nouvelle-France de se sentir moins dépaysés. Les œuvres françaises importées marquaient la dépendance de la colonie vis-à-vis la mère-patrie; elles ne cessèrent pas d'arriver tout au long du régime français. L'implantation du métier d'orfèvre au début du XVIIIe siècle en Nouvelle-France résulte de l'enracinement profond des traditions. Elle signifie aussi, parallèlement, la volonté de la colonie de se suffire à elle-même dans la mesure du possible.

Ce sont des orfèvres formés en France qui vinrent en Nouvelle-France exercer leur métier et former sur place de nouveaux orfèvres. Sans doute n'étaient-ils pas les plus en vue parmi les orfèvres français, mais ils apportaient avec eux les connaissances indispensables à l'exercice de leur art, connaissances que les armuriers ne possédaient pas. Les œuvres créées en Nouvelle-France ne pouvaient que s'inscrire dans le sillage des œuvres françaises tant par leurs formes que par leurs décors. Ces pièces ne sont cependant pas des copies conformes des œuvres françaises, en grande majorité parisiennes, qui se trouvaient dans la colonie. Techniquement, elles sont beaucoup moins sophistiquées et elles n'atteignent pas leur haut degré de perfection. Elles n'en demeurent pas moins des œuvres achevées dans la simplicité des formes et la sobriété du décor qu'imposaient les conditions d'exercice du métier. Elles reflètent un milieu physique et culturel différent de celui de la France.

Après 1759, le contexte historique se trouve considérablement modifié. Plusieurs orfèvres du régime français continuent cependant à créer pour une clientèle dont les goûts et les besoins n'ont pas changé. Bien que les contacts avec la France se fassent plus rares et plus difficiles, la mère-patrie n'en demeure pas moins présente par ses traditions implantées en terre nouvelle. L'orfèvre le plus représentatif de cette période est, curieusement, le plus grand orfèvre qu'ait produit le régime français. Il a pour nom François Ranvoyzé [Québec, 1739 – Québec, 1819]; il a été formé par Ignace-François Delezenne.

Catalogue

À moins d'avis contraire,
les œuvres décrites sont en argent.

Abréviations, sigles et symboles

Le chiffre romain qui précède l'explication de certaines abréviations renvoie le lecteur à la section de la bibliographie (p. 231–233) où se trouve une description plus complète de l'ouvrage.

Allaire 1910
III. Allaire (Jean-Baptiste Antoine): *Dictionnaire biographique du clergé canadien-français. Les anciens.*

Annales 1939
II. *Les Annales de l'Hôtel-Dieu de Québec, 1639–1716.*

A.P.
Archives paroissiales.

Barbeau 1939
V. Barbeau (Marius): *Deux cents ans d'orfèvrerie chez nous.*

Barbeau 1941
V. Barbeau (Marius): *Old Canadian Silver.*

Barbeau 1957
IV. Barbeau (Marius): *Trésor des anciens Jésuites.*

Bordeaux 1962
IV. *L'art au Canada.*

C
Poinçon français de charge.

d
Denier, monnaie française.

D
Poinçon français de décharge.

Detroit 1946
IV. *The Arts of French Canada, 1613–1870.*

Detroit 1951
IV. *The French in America.*

diam
Diamètre.

H
Hauteur.

Jones 1918
V. Jones (E. Alfred): *Old Church Silver in Canada.*

I
Largeur.

L
Longueur.

Langdon 1960
IV. Langdon (John E.): *Canadian Silversmiths & Their Marks, 1667–1867.*

Langdon 1966
IV. Langdon (John E.): *Canadian Silversmiths, 1700–1900.*

Langdon 1969
V. Langdon (John E.): *Silversmithing in Canada during the French Colonial Period.*

Lindsay 1900
IV. Lindsay (Lionel Saint-George): *Notre-Dame de la Jeune-Lorette en la Nouvelle-France.*

M
Poinçon français de maître.

M.A.N.Q.
Montréal, Archives nationales du Québec.

Massicotte 1915 et 1918
III. Massicotte (É.-Z.) et Régis Roy: *Armorial du Canada français.*

MC
Poinçon français de maison commune.

me
Maître.

Montréal 1970
IV. *Nos orfèvres nous sont contés. La collection Henry Birks d'argenterie canadienne.*

Morisset 1941
IV. Morisset (Gérard): *Coup d'œil sur les arts en Nouvelle-France.*

Morisset 1943
IV. Morisset (Gérard): *Évolution d'une pièce d'argenterie.*

Morisset 1945
IV. Morisset (Gérard): *Paul Lambert dit Saint-Paul.*

Morisset 1950
V. Morisset (Gérard): *L'orfèvrerie française au Canada.*

Morisset 1954
V. Morisset (Gérard): *L'orfèvre Roland Paradis.*

Morisset 1968
V. Morisset (Gérard): *Notre orfèvrerie au 18e siècle.*

ms.
Manuscrit.

Notre-Dame 1943
IV. *Notre Dame Museum. Illustrated Catalogue.*

Q.A.H.D.
Québec, Archives du monastère des Augustines de l'Hôtel-Dieu.

Q.A.H.G.
Québec, Archives du monastère des Augustines de l'Hôpital général.

Q.A.J.Q.
Québec, Archives judiciaires de Québec.

Q.A.N.Q.
Québec, Archives nationales du Québec.

Q.A.P.N.D.
Québec, Archives paroissiales de la basilique-cathédrale Notre-Dame.

Québec 1952
IV. *Exposition rétrospective de l'art au Canada français.*

s
Sou ou sol, monnaie française.

Tanguay 1871–1890
III. Tanguay (Cyprien): *Dictionnaire généalogique des familles canadiennes depuis la fondation de la colonie jusqu'à nos jours.*

Traquair 1940
IV. Traquair (Ramsay): *The Old Silver of Quebec.*

Vallée 1937
IV. Vallée (Arthur): *Notes brèves sur quelques documents et pièces du trésor historique de l'Hôtel-Dieu de Kebec.*

Vancouver 1959
IV. *Les arts au Canada français.*

- La division qui précède ou qui suit l'année dans les dates de l'orfèvre précise que cette année correspond au premier ou au dernier document connu de sa vie et non à sa naissance ou à son décès.

/ La barre oblique qui sépare les années dans les dates de l'orfèvre précise que la période déterminée par ces années ne correspond pas à la durée de sa vie.

* L'astérisque accompagne le nom de l'orfèvre dont au moins une œuvre figure (ou lui est attribuée) à l'intérieur de ce catalogue.

\# Livre, monnaie française.

Catalogue

L'orfèvrerie française
en Nouvelle-France

Anonyme
Paris, XVIIe siècle

1 *Encensoir*
Paris, XVIIe siècle

H: 9-3/4 po (24,7 cm)

Poinçon: MC: *D* couronné.

Ramsay Traquair et, par la suite, Gérard
Morisset ont daté cet encensoir de 1672.
Il est, d'autre part, mentionné dans les
annales de l'Hôtel-Dieu de Québec pour
1641: «Monsieur d'Anne Marche, parent
de la Mère Jeanne de Ste Marie défunte,
nous envoya le ciboire que nous avons
encore, l'encensoir, le plat d'argent et
les burettes et un petit soleil dont nous
avons fait faire depuis le petit ciboire et
d'autres burettes.» (*Annales 1939*, p. 35).

Bibliographie: *Vallée 1937*, p. 49
(no 177); *Traquair 1940*, p. 110–111 (no 5);
Morisset 1943, p. 8 et reprod. en pl. I.

Québec, Monastère des Augustines de
l'Hôtel-Dieu, A-15

Anonyme
Paris, XVIIe siècle

2 *Ciboire*
(?) Paris, 1641

Argent doré
H: 12-1/4 po (31,1 cm)

Inscription: *I DANEMARCHE 1641.*
Poinçons: M: illisible; MC: illisible.

Ce ciboire est mentionné dans les annales
de l'Hôtel-Dieu de Québec pour 1641:
«Monsieur d'Anne Marche, parent de la
Mère Jeanne de Ste Marie défunte, nous
envoya le ciboire que nous avons encore,
l'encensoir, le plat d'argent et les burettes, et un petit soleil dont nous avons
fait faire depuis le petit ciboire et d'autres
burettes.» (*Annales 1939*, p. 35). Il en est
également question, la même année,
dans les *Relations des Jésuites:* «Vne
personne de.vertu leur a envoyé cette
année vn beau Soleil et vn beau Ciboire
d'argent doré pour leur Chapelle.»
(*Relations des Jésuites*, Éditions du Jour,
Montréal, 1972, vol. II, p. 25). Jeanne
Suppli dite Sainte-Marie était arrivée à
Québec le 8 juillet 1640. Elle mourut le
5 mars 1641 (*Annales 1939*, p. 32).

Bibliographie: *Vallée 1937*, p. 49
(no 178); *Traquair 1940*, p. 110 (no 2).

Québec, Monastère des Augustines de
l'Hôtel-Dieu, A-1

Anonyme
Rouen (Seine-Maritime), XVIIᵉ siècle

3 *Plateau*
Rouen, (?) 1642

Argent doré
L: 11-5/8 po (29,5 cm); l: 7-7/8 po
(20,0 cm)

Inscriptions: *JEAN DENNEMARCHE /
1642, HD* (pour Hôtel-Dieu), *IPH, IHS*
gravé dans un soleil (au centre).
Poinçons: M de Rouen: couronne,
agneau pascal entre deux grains,
N[illisible]*V*, (?) un marteau; MC: (?) *A*
couronné.

Ce plateau est mentionné dans les annales de l'Hôtel-Dieu de Québec pour 1641:
«Monsieur d'Anne Marche, parent de la
Mère Jeanne de Ste Marie défunte, nous
envoya le ciboire que nous avons encore,
l'encensoir, le plat d'argent et les burettes, et un petit soleil dont nous avons
fait faire depuis le petit ciboire et d'autres
burettes.» (*Annales 1939*, p. 35).

Bibliographie: *Vallée 1937*, p. 49
(nº 176); *Traquair 1940*, p. 110 (nº 3).

Québec, Monastère des Augustines de
l'Hôtel-Dieu, A-14

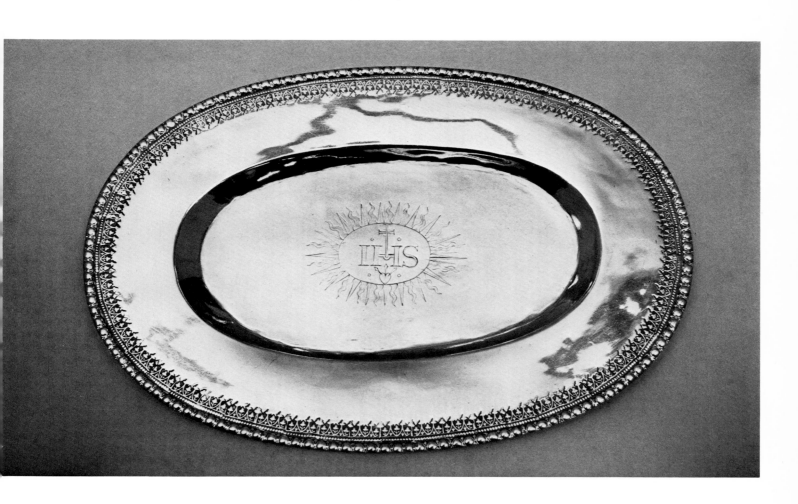

Anonyme
Paris, XVIIᵉ siècle

4   *Reliquaire du père Jean de Brébeuf*
Paris, 1664–1665

H totale: 21 po (53,3 cm); L totale: 21 po
(53,3 cm); H du buste: 14 po (35,5 cm);
L du buste: 19 po (48,2 cm)

Poinçons: M: illisible; MC de Paris,
1664–1665: *T* couronné.

Le socle de bois, en forme de cercueil,
contient le crâne et des ossements du
père Jean de Brébeuf, martyrisé en
Huronie le 16 mars 1649. Au sujet de ce
reliquaire, Marius Barbeau (1957) cite
l'autobiographie du père Pierre-Joseph-
Marie Chaumonot [Châtillon-sur-Seine
(Côte d'Or), 1611 – Québec, 1693]: «La
famille du serviteur de Dieu [le P. de
Brébeuf], justement fière d'une gloire
qui rejaillissait sur elle, voulut honorer sa mémoire en faisant faire un
buste d'argent de grandeur naturelle, qu'elle donna au collège de
Québec. Il est revêtu du rochet pour
rappeler sa mort dans l'acte même du
ministère apostolique. Le socle sur lequel
il repose est en ébène et de forme octo-
gone. Il sert de reliquaire à la tête de
l'héroïque missionnaire, que l'on aper-
çoit par une ouverture ovale garnie
d'ornements en argent...»
    L'orfèvre s'est probablement inspiré
de la gravure *Jésuites martyrisés par les
Iroquois* de Grégoire Huret [Lyon
(Rhône), 1606 – Paris, 1670], qui fut
publiée en 1664 dans le livre *Historiae
Canadensis* de François du Creux, pour
faire ce buste du père Jean de Brébeuf.
Le reliquaire a sans doute été confié,
avant 1800, à l'Hôtel-Dieu de Québec
par les Jésuites.

Bibliographie: *Barbeau 1941*, p. 153 et
reprod.; *Barbeau 1957*, p. 62-63 et
reprod.

Québec, Monastère des Augustines de
l'Hôtel-Dieu, A-100

4 Détail

Anonyme
Paris, XVIIe siècle

5 *Croix processionnelle*
Paris, (?) 1665–1666

H: 29 po (73,6 cm)

Poinçon: MC de Paris, (?) 1665–1666:
V couronné.

Cette croix est mentionnée pour la première fois dans un inventaire de Notre-
Dame de Québec en 1672: «une croix de
procession, avec son baston revestu
d'argent, le tout cizelé» (Q.A.P.N.D.,
ms. 1A). À l'inventaire de 1739, on en
donne le poids: 11 marcs 4 onces
(Q.A.P.N.D., carton 2, nº 33). L'inventaire de 1771 mentionne «une grande
croix d'argent cizelée avec son baton de
Bois peinturé en vert pour les processions et les Enterremens» (Q.A.P.N.D.,
carton 12, nº 91). Le revêtement d'argent
du bâton a donc disparu. La croix elle-
même porte, sur l'avers, le Christ et, sur
le revers, la Vierge à l'Enfant.

Bibliographie: *Traquair 1940*, p. 103
(nº 1); *François Ranvoyzé orfèvre
1739–1819*. Catalogue d'exposition,
Musée du Québec, Québec, 1968, nº 47A.

Québec, Basilique-cathédrale Notre-
Dame

Anonyme
Paris, XVIIᵉ siècle

6 *Chandelier*
Paris, 1674–1675

H: 9-1/16 po (23,0 cm)

Poinçons: MC de 1674–1675: *F* couronné; C de Paris, 1672–1677: *A* couronné, cantonné de trois fleurs de lis.

Ce chandelier, qui a déjà fait partie de la collection de Louis Carrier, provient de l'église Saint-Nicolas (Lévis). Un autre chandelier (n° 102) a tout probablement été commandé à Paul Lambert* pour faire la paire.

Québec, Musée du Québec, A.60.263.0

Anonyme
Paris, xviiᵉ siècle

7 *Ciboire*
Paris, 1675–1676

H: 11 po (27,9 cm)

Inscription: *LA MISSION DES PP.
JESUITES PAR M CL BOUVART.*

Poinçons: MC de 1675–1676: *G* couronné; C de Paris, 1672–1677: *A* couronné,
cantonné de trois fleurs de lis. Autre
poinçon: *A* surmonté d'une fleur de lis
dans un soleil elle-même surmontée
d'une couronne. Autres poinçons illisibles.

Ce ciboire a sans doute été donné aux
Jésuites par un parent du père Martin
Bouvart [Chartres (Eure-et-Loir), 1637 –
Québec, 1705] qui assista le père Pierre-
Joseph-Marie Chaumonot [Châtillon-
sur-Seine (Côte d'Or), 1611 – Québec,
1693] auprès des Hurons à Notre-Dame-
de-Foy, puis à Notre-Dame-de-Lorette
de 1673 à 1676.
    Selon Gérard Morisset (Québec,
Inventaire des œuvres d'art du Québec),
le décor ciselé de la fausse-coupe serait
l'œuvre de Paul Lambert et daterait de
1735.

Bibliographie: *Lindsay 1900*, p. 185.

Village-des-Hurons (Québec), Église
Notre-Dame-de-Lorette

Anonyme
Paris, XVIIᵉ siècle

8 *Ciboire*
Paris, 1684–1687

Argent doré
H: 11-1/4 po (28,5 cm)

Poinçons: M: une fleur de lis couronnée, deux grains, une lettre illisible, (?) une masse et *M*; MC: une lettre couronnée; C de Paris, 1684–1687: *A* surmonté d'une fleur de lis accosté de deux étoiles, trois croissants renversés sur cette fleur de lis, et un croissant au-dessous du *A*; D de 1684–1687: (a) *A* avec une fleur de lis au-dessus et un petit point de chaque côté, (b) couronne. Autre poinçon: un petit *L*.

Laprairie (Québec), Fabrique La Nativité de la Sainte Vierge Marie

Anonyme
Paris, xviie siècle

9 *Ferrures de missel*
Paris, 1691–1698

H du missel: 14 po (35,5 cm); L du
missel: 9-1/2 po (24,1 cm)

Poinçons: C de Paris, 1691–1698: *A* et
deux fleurs de lis au-dessus; D de
1691–1698: (a) une couronne fleur de
lisée non fermée, (b) une fleur de lis et
A au milieu.

Le missel lui-même est postérieur aux
ferrures; il a été imprimé à Lyon (Rhône)
en 1761. Marius Barbeau l'inventorie
parmi les biens des Jésuites de Québec.
Au centre du missel, on peut voir une
représentation de la Vierge à l'Enfant
(recto) et une représentation de saint
Joseph (verso) tenant un lis dans sa main
droite et un livre dans sa main gauche.
La Vierge et saint Joseph sont entourés
de branches d'olivier. Les huit ferrures
de coin sont identiques: on y voit deux
anges à mi-corps soutenant un cartouche
dans lequel s'inscrit un cœur enflammé.

Bibliographie: *Vallée 1937*, p. 48 (no 172);
Barbeau 1957, p. 64 et reprod.

Québec, Monastère des Augustines de
l'Hôtel-Dieu, A-70

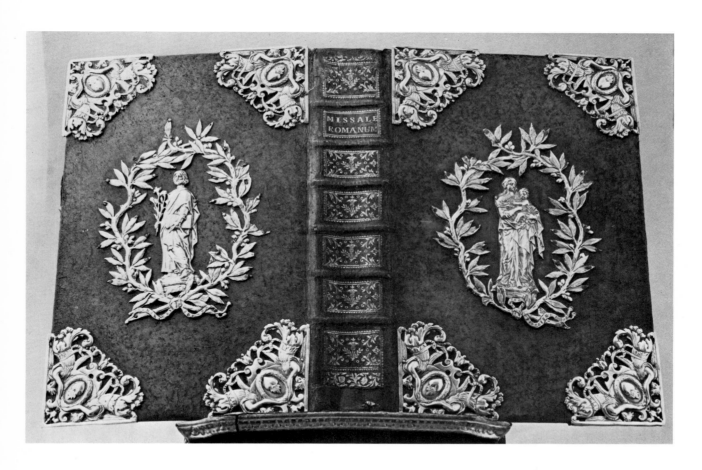

9 Détail (plat supérieur): *Vierge à l'Enfant*

9 Détail (plat inférieur): *Saint Joseph*

67

Anonyme
France, XVIIIe siècle

10 *Calice*
France, XVIIIe siècle

Coupe dorée
H: 10-3/4 po (27,3 cm)

Inscription: *EX COLLEG SOC JESU QUEB.*
Poinçon: aucun.

Attribué à Ignace-François Delezenne*
par Marius Barbeau, ce calice provient
de l'ancien Collège des Jésuites de
Québec. En 1796, le père Jean-Joseph
Casot [Liège (Belgique), 1728 – Québec,
1800] léguait par testament «le troisième
et dernier calice» (Q.A.J.Q., Greffe
Joseph Planté, 14 novembre 1796, no
1333) à la fabrique Notre-Dame-de-Foy.
Ce legs sera confirmé le 14 avril 1800
par le lieutenant-gouverneur dans un
document qui établit le poids du calice:
2 marcs 4 onces.
    Le décor en relief comporte six zones
différentes (trois sur le pied et trois sur
la fausse-coupe) dans lesquelles figurent
les instruments de la Passion.

Bibliographie: *Barbeau 1957*, p. 73-74 et
reprod.

Sainte-Foy (Québec), Fabrique Notre-
Dame-de-Foy

Anonyme
Paris, xviiie siècle

11 *Ostensoir*
Paris, xviiie siècle

H: 16 po (40,6 cm)

Poinçon: MC: *S* couronné.

Cet ostensoir a été attribué à François Ranvoyzé [Québec, 1739 – Québec, 1819] orfèvre à Québec.

Bibliographie: *François Ranvoyzé orfèvre 1739–1819*. Catalogue d'exposition, Musée du Québec, Québec, 1968, n° 85 et reprod.

Château-Richer (Québec), Fabrique La Visitation de Notre-Dame

Anonyme
Paris, XVIIIe siècle

12 *Immaculée Conception*
Paris, 1712–1717

H totale: 39 po (99,0 cm); H de la statue:
19-1/2 po (49,5 cm)

Inscription: *AM* (pour *Ave Maria*, chiffre
des Sulpiciens, sur le piédestal).
Poinçons: C de Paris, 1712–1717: *A* sur
une couronne renversée; D de
1712–1717: deux *L* enlacés et surmontés
d'une couronne.

Aucun poinçon de maître n'a pu être
retracé sur cette œuvre qui aurait été
donnée par Louis XIV aux Sulpiciens de
Montréal. La statue seule est d'argent.

Bibliographie: *Notre-Dame 1943*, p. 3
(no 9); *Morisset 1950*, p. 55; *Detroit
1951*, p. 62-63 (no 92) et reprod.; *Pages
d'histoire du Canada*. Catalogue d'exposition par Roy Strong, Galerie
nationale du Canada, Ottawa, 1967,
p. 86–87 (no 51) et reprod.; *Profil de la
sculpture québécoise XVIIe – XIXe siècle*.
Catalogue d'exposition, Musée du
Québec, Québec, 1969, p. 36–37 (no 11)
et reprod.

Montréal, Musée de l'église Notre-Dame

Anonyme
Paris, XVIIIe siècle

13 *Encensoir*
Paris, 1714–1715

H: 9-3/4 po (24,7 cm)

Inscription: *EX COLLEG SOC JESU
QUEB.*
Poinçons: MC de 1714–1715: *X* couronné; D de Paris, 1713–1717: deux *L*
enlacés et couronnés.

Cet encensoir provient de l'ancien
Collège des Jésuites de Québec. En
1796, le père Jean-Joseph Casot [Liège
(Belgique), 1728 – Québec, 1800] léguait
par testament «l'encensoir avec la navette» (Q.A.J.Q., Greffe Joseph Planté,
14 novembre 1796, no 1333) à la fabrique
Notre-Dame-de-Foy. Ce legs sera confirmé le 14 avril 1800 par le lieutenant-
gouverneur dans un document qui
établit le poids de l'encensoir et de sa
navette: 4 marcs 5 onces.

Bibliographie: *Barbeau 1957*, p. 73, 85
et reprod. en p. 74.

Sainte-Foy (Québec), Fabrique Notre-
Dame-de-Foy

Anonyme
Paris, XVIIIᵉ siècle

14 *Vierge à l'Enfant*
Paris, 1717–1718

H totale: 22-1/2 po (57,1 cm); H de la
statue: 15-1/2 po (39,3 cm)

Inscription: *IH* [formé par les lettres *AM*
superposées] *S*, le tout surmonté d'une
croix (sur le piédestal).
Poinçons: MC de 1717–1718: *A* couronné; C de Paris, 1717–1722: *A*
couronné avec deux palmes.

Attribuée à Guillaume Loir*, par Marius
Barbeau et par Louis Carrier, et à Alexis
Porcher*, par Gérard Morisset, cette
statue ne porte pas de poinçon de maître. En 1796, le père Jean-Joseph Casot
[Liège (Belgique), 1728 – Québec,
1800] léguait par testament (Q.A.J.Q.,
Greffe Joseph Planté, 14 novembre 1796,
nº 1333) une *Vierge* d'argent du Collège
des Jésuites de Québec à l'Hôtel-Dieu de
Québec. Barbeau signale qu'une *Vierge*
en argent fut inventoriée à Notre-Dame
de Québec en 1800; il s'agit peut-être de
la même statue. Il mentionne, d'autre
part, qu'une *Vierge* en argent fut vendue
par l'Hôpital général de Québec en 1802.

Bibliographie: *Lindsay 1900*, p. 188–190;
Jones 1918, p. 141; *Barbeau 1957*, p. 59,
234 et reprod. en p. 58.

Village-des-Hurons (Québec), Église
Notre-Dame-de-Lorette

Anonyme
Paris, XVIIIe siècle

15 *Écuelle*
Paris, 1727–1728

H: 1-1/4 po (3,1 cm); L: 11-7/8 po (30,1 cm); diam: 6-3/4 po (17,1 cm)

Armoiries: non identifiées.
Inscription: *AV.*
Poinçons: M: illisible; MC de 1727–1728: *L* couronné, C de Paris, 1727–1732: *A* sur le côté couronné; D de 1727–1732: (?) une grenade avec une fleur de lis au milieu.

Cette écuelle, qui a déjà fait partie de la collection de Louis Carrier, a été attribuée à Thomas Germain [Mort 1748] par Gérard Morisset.

Bibliographie: *Morisset 1950*, p. 27 et reprod. en p. 26.

Montréal, Musée des beaux arts, 52.Ds.2

Anonyme
Paris, xviiie siècle

16 *Gobelet*
Paris, 1727–1728

H: 3-1/2 po (8,8 cm)

Inscription: *HD* (pour Hôtel-Dieu).
Poinçons: M: illisible; MC de
1727–1728: *L* couronné; C de Paris,
1727–1732: *A* sur le côté couronné; D de
1727–1732: une merlette couronnée.
Autre poinçon illisible.

Québec, Monastère des Augustines de
l'Hôtel-Dieu, A-33

Anonyme
France, xviiie siècle

17 A. *Mouchettes*
B. *Plateau*
Paris, 1728–1729

H: 2-1/4 po (5,7 cm); L: 8-1/2 po
(21,5 cm); L des mouchettes: 7-3/8 po
(18,7 cm)

Armoiries: Sur les mouchettes et sur le
plateau: famille d'Abbadie de Saint-
Castin (*Massicotte 1915*, p. 89).
Poinçons: Sur les mouchettes et sur le
plateau: M: illisible; MC de 1728–1729:
M couronné; C de Paris, 1727–1732: *A*
sur le côté couronné.

Bibliographie: *Traquair 1940*, p. 122
(no 8).

Montréal, Les sœurs de la Congrégation
de Notre-Dame, 8g 870 et 8g 871

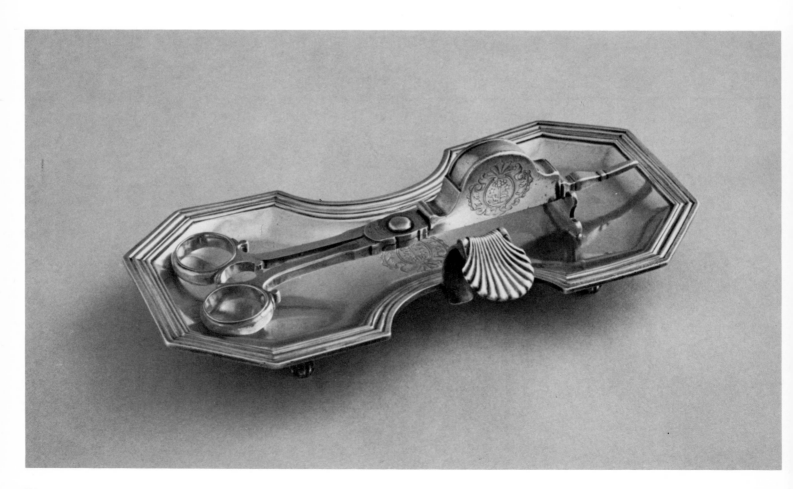

Anonyme
Paris, XVIIIe siècle

18 *Écuelle*
Paris, 1738–1739

H: 4-1/2 po (11,4 cm); L: 12-1/4 po
(31,1 cm); diam.: 7-1/4 po (18,4 cm)

Inscription: *CD.*
Poinçons: M: illisible, *N*; MC de
1738–1739: *Y* couronné; C: illisible; D
de Paris, 1738–1744: une tête de bœuf.

Cette écuelle a été attribuée à Nicolas
Besnier [Paris, m^e 1714 / Paris, 1754].

Bibliographie: *Detroit 1951*, p. 63-64
(n° 94) et reprod. en p. 64.

Montréal, Musée des beaux-arts,
32.Ds.13

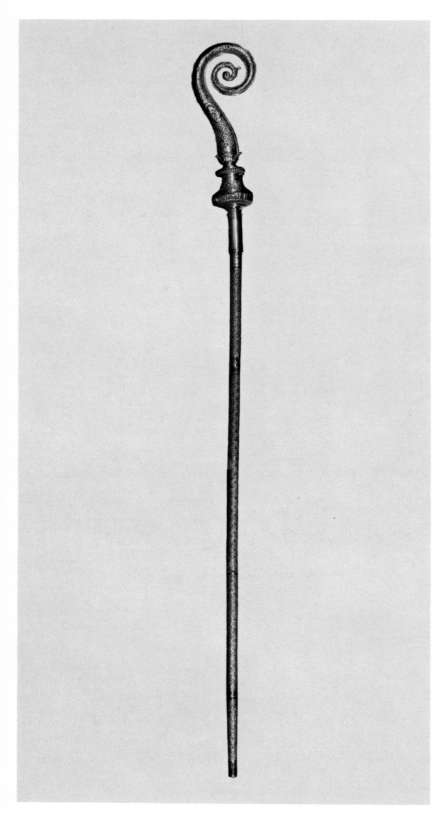

Anonyme
Paris, XVIIIe siècle

19 *Crosse d'évêque*
Paris, 1740–1742

H: 79 po (2,0 m)

Poinçons: MC de 1740–1742: *A* couronné; D de Paris, 1738–1744: une tête de renard. Autre poinçon illisible.

Cette crosse d'évêque et son bâton revêtu d'argent appartenaient à Mgr Henri-Marie Dubreuil de Pontbriand [France, 1708 – Montréal, 1760] qui fut évêque de Québec de 1741 jusqu'à sa mort. Parti de Québec à la fin de septembre 1759, il se refugia à Montréal où il mourut le 10 juin 1760. Le 1er mai 1760, il avait légué par testament toute son orfèvrerie au séminaire Saint-Sulpice de Montréal (M.A.N.Q., Greffe L.-C. Danré de Blanzy, 8 juin 1760, no 8269). Sa crosse d'évêque et son bâton seront inventoriés le 12 juin 1760 (*Idem*, no 8272).
    Le bâton de la crosse porte, à sa partie supérieure, le poinçon de François Ranvoyzé [Québec, 1739 – Québec, 1819] et la date 1781, ce qui semble indiquer que Ranvoyzé l'aurait réparée.

Bibliographie: *Barbeau 1941*, p. 158 et reprod.; *Notre-Dame 1943*, p. 16 (no 195).

Montréal, Musée de l'église Notre-Dame

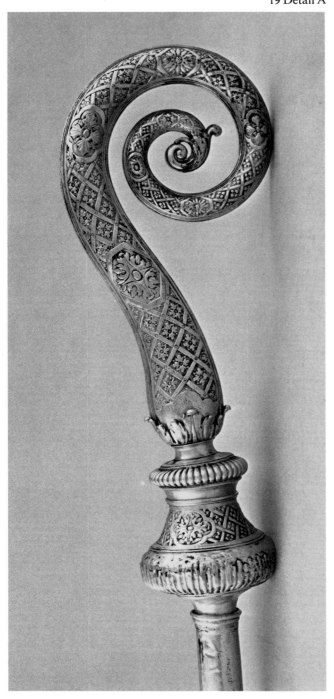

Augier, Joseph
Toulon (Var), me 1742

20 *Plat*
Toulon, 1751

H: 13/16 po (2,0 cm); L: 15 po (38,0 cm);
l: 9-7/8 po (25,0 cm)

Armoiries: non identifiées.
Poinçons: M: un cœur couronné, deux
grains, *IA*; MC de Toulon: une couronne, une croix inscrite dans un bouclier,
1751; C: illisible; D: (?) une tête de
vache, une étoile.

Ce plat proviendrait de la famille
Taschereau de Québec.

Loretteville (Québec), Collection du
Dr Conrad Brouillet

(?) Ballin, Claude
Paris, 1615 / mᵉ 1637 / Paris, 1678

21 *Ostensoir*
Paris, 1663–1664

Argent doré
H: 22 po (55,8 cm)

Armoiries: non identifiées.
Inscription: *CLAVDE PREVOST
ANTIEN ESCHEVIN DE LA VILLE
DE PARIS ET ELISABET LE GENDRE
SA FAMME MONT DONNE POVR
SERVIR A LEGLISE DES PERES
JESVISTES AVX TROIS RIVIERES
LAN 1664* (sous le pied).
Poinçons: M: une fleur de lis couron-
née, deux grains, une grappe de raisins
entre *C* et *B*; MC de Paris, 1663–1664:
S couronné.

Un autre ostensoir du même orfèvre se
trouve à l'église de Caughnawaga. Il
date de 1667–1668 et il a aussi été donné
aux Jésuites en 1668 par Claude Prévost
et Élizabeth Le Gendre.

Bibliographie: *Lindsay 1900*, p. 187;
Barbeau 1939, p. 183; *Barbeau 1941*,
p. 154–155; *Barbeau 1957*, p. 51 et
reprod. en p. 52.

Village-des-Hurons (Québec), Église
Notre-Dame-de-Lorette

(?) Ballin, Claude
Paris, 1615 / me 1637 / Paris, 1678

22 *Lampe de sanctuaire*
Paris, 1668–1669

H: 9-3/4 po (24,7 cm)

Armoiries: famille de Courcelle (*Massicotte 1918*, p. 19).
Poinçons: M: une fleur de lis couronnée, deux grains, une grappe de raisins entre *C* et *B*; MC de Paris, 1668–1669: *Z* couronné.

Les annales de l'Hôtel-Dieu de Québec pour 1672 mentionnent cette lampe: «Monsieur de Courcelle, gouverneur general, ayant demeuré sept ans en Canada, s'en retourna en France en 1672. Il s'étoit appliqué, ainsy que Monsieur Talon, a tout ce qui pouvait être avantageux a cette colonie. Ils se joignirent même tous deux pour représenter a Monsieur Colbert la nécessité de soutenir nôtre Hôtel Dieu a cause de l'utilité dont il est pour le public, et ils engagerent ce grand ministre d'Etat a proteger la Nouvelle France, et procurerent a ce païs plusieurs biens. Monsieur de Courcelle depuis son départ a continué de nous donner des marques de son affection dans toutes les occasions. C'est luy qui nous a fait present d'une lampe d'argent pour nôtre église ou sont ses armoiries.» (*Annales 1939*, p. 174).
   Daniel Rémy de Courcelle [France, 1626 – Toulon (Var), 1698] fut gouverneur général de la Nouvelle-France de 1665 à 1672. Ce sont effectivement ses armoiries «d'hermine, a écusson de gueules» que l'on retrouve sur la lampe.

Bibliographie: *Vallée 1937*, p. 49 (n° 183); *Traquair 1940*, p. 113 (n° 33); Jean Trudel: *Early Canadian Silver*, dans *Canadian Antiques Collector*, t. VII, n° 2 (mars-avril 1972), p. 21 et reprod. en p. 20.

Québec, Monastère des Augustines de l'Hôtel-Dieu, A-68

22 Détail: Poinçons

Balzac, Edme-Pierre
Paris, me 1739

23 *Écuelle*
Paris, 1748–1749

H: 3-3/4 po (9,5 cm); L: 11-3/8 po
(28,8 cm); diam: 6-3/4 po (17,1 cm)

Inscription: *M*[surmonté d'une croix]*E*
(chiffre du Séminaire des Missions étrangères, sur l'écuelle et sur le couvercle).
Poinçons: M: une fleur de lis couronnée,
EPB, un quinte-feuille, deux grains; MC
de 1748–1749: *H* couronné; C de Paris,
1744–1750: *A* couronné.

Québec, Musée du Séminaire

Belleville, Pierre

Brest (Finistère), vers 1700 / m^e 1736 / Montpellier (Hérault), 1765

24 *Gobelet*
Montpellier, 1743–1744

H: 2-3/8 po (6,0 cm)

Armoiries: famille Montcalm-Gozon. Poinçons: M: une étoile couronnée, deux grains, *PB*; MC de Montpellier, 1743–1744: une couronne, deux grains, *Q/MPL*; C et D: (a) un oiseau couronné, (b) une croix couronnée.

Louis-Joseph marquis de Montcalm-Gozon [Candiac (Gard), 1712 – Québec, 1759] arriva à Québec en 1756. Ce gobelet aurait fait partie, avec huit ou dix autres, d'un ensemble de voyage lui appartenant. Quelques-uns de ces gobelets furent distribués à ses officiers après sa mort.

Bibliographie: *Exposition rétrospective des colonies françaises de l'Amérique du Nord*. Catalogue d'exposition par A.-Léo Leymarie, Paris, 1929, p. 81 (n° 2) et reprod. en pl. 50; *Detroit 1951*, p. 62–63 (n° 93); Jean Thuile: *Un souvenir canadien du Maréchal Montcalm*, dans *Revue de la Xe région économique*, avril 1959, p. 3–4 et reprod.

Montréal, Musée des beaux-arts, 50.51.Ds.4

C[?]M
France, XVIIIe siècle

25 *Ostensoir*
France, XVIIIe siècle

H: 13-5/8 po (34,6 cm)

Armoiries: non identifiées.
Poinçon: M: une couronne, *C[?]M*,
une étoile.

Cet ostensoir a été transformé en reliquaire au XIXe siècle. À l'emplacement
de la lunule on a alors ajouté une croix-
reliquaire d'argent. Un morceau de
papier, derrière cette croix, porte l'inscription manuscrite suivante: «Ce
reliquaire, qui date du 17ème siècle,
est d'argent massif martelé. Il contient
une parcelle de la VRAIE CROIX, in-
crustée dans un fac-similé de la croix
pectorale de BOSSUET. Don de M. O.
Hébert, Ptre S. S. L'authentique est sous
le pied du reliquaire avec l'anneau et la
vis de la croix.» Joseph Charles-Onésime
Hébert (Né à Chateauguay, 1842) fut
ordonné prêtre en 1875 et entra chez les
Sulpiciens en 1887. Il fut vicaire à
Notre-Dame de Montréal à partir de
cette date. L'ostensoir proviendrait donc
des Sulpiciens de Montréal.

Bibliographie: *Traquair 1940*, p. 62 et
123 (n° 16).

Montréal, Les sœurs de la Congrégation
de Notre-Dame

Daveau, Adrien
Paris, me 1656

26 *Calice*
Paris, 1686–1687

Argent doré
H. 9-7/16 po (23,9 cm)

Inscription: *SEMINAIRE* (sous le pied).
Poinçons: M: une fleur de lis couronnée, deux grains et deux palmes entre *A* et *D*; MC de 1686–1687: *R* couronné; C de Paris, 1684–1687: *A* surmonté d'une fleur de lis et de trois croissants, flanqué de deux étoiles avec une troisième dessous: D de 1684–1687: une couronne.

Bibliographie: *Traquair 1940*, p. 125 (no 2); *Notre-Dame 1943*, p. 16 (no 202).

Montréal, Musée de l'église Notre-Dame

Daveau, Adrien
Paris, me 1656

27 *Calice*
Paris, 1687–1688

H: 10 po (25,4 cm)

Poinçons: M: fleur de lis couronnée,
deux grains et deux palmes entre *A* et *D*;
MC de 1687–1688: *S* couronné; *C* de Paris
1687–1691: *A* surmonté d'une fleur de
lis, accosté de deux consoles; D de
1687–1691: (a) deux *A* croisés l'un dans
l'autre, surmontés d'une fleur de lis,
(b) une couronne.

Trois-Rivières (Québec), Monastère
des Ursulines

Daveau, Adrien
Paris, mᵉ 1656

28 *Calice*
Paris, 1692–1693

H: 8 po (20,3 cm)

Poinçons: M: une fleur de lis couronnée, deux grains et deux palmes entre *A* et *D*; MC de 1692–1693: *Y* couronné; C de Paris, 1691–1698: *A* et deux fleurs de lis au-dessus; D de 1691–1698: une couronne. Autres poinçons: (a) *A* entre deux fleurs de lis, (b) (?) une tête d'animal.

Toronto, Collection de M. John E. Langdon

(?) Delande, Jean
Bayonne (Pyrénées-Atlantiques),
XVIIIe siècle

29 *Encensoir*
Bayonne, XVIIIe siècle

H: 8-3/8 po (21,2 cm)

Poinçons: M: une couronne, *D/JL*; MC.
A couronné. Poinçon de reconnaissance
de la ville de Bayonne (juridiction de
Bayonne): *AB* jumelés et couronnés.

Les livres de comptes de Saint-Charles
de Bellechasse mentionnent, dans les
dépenses de l'année 1758, «payé pour un
encensoir d'argent deux cent soixante
et quinze livres» (A.P. de la fabrique
Saint-Charles de Bellechasse).

Bibliographie: *Morisset 1943*, p. 10 et
reprod. en pl. IV.

Saint-Charles de Bellechasse (Québec),
Fabrique Saint-Charles

Desmazures, Thomas
Paris, m^e 1713 / Mort 1741

et

Mercier, Léonard
Paris, m^e 1724 / Mort 1750

30 *Aiguière*
Paris, 1725–1726

H: 7-1/8 po (18,1 cm)

Armoiries: famille d'Abbadie de Saint-
Castin (*Massicotte 1915*, p. 89).
Poinçons: M de Desmazures: une fleur
de lis couronnée, deux grains, *TDM*,
un soleil; M de Mercier: une fleur de lis
couronnée, deux grains, *LM*, un dauphin; MC de Paris, 1725–1726: *I* couronné; C: illisible; D de 1722–1727:
un soleil.

Bibliographie: *Traquair 1940*, p. 4 et
122 (n° 7).

Montréal, Les sœurs de la Congrégation
de Notre-Dame, 8g 846

31A

Dolin, Nicolas
Paris, mᵉ 1647 / Paris, 1695

31 A. *Calice*
B. *Patène*
Paris, vers 1673

Argent doré
H du calice: 12-1/4 po (31,1 cm); diam
de la patène: 7-1/2 po (19,0 cm)

Poinçon: Sur le calice: M: une fleur de
lis couronnée, deux grains, une tête
d'aigle entre *N* et *D*.

Calice dit «de Monseigneur de Laval».
François Xavier de Montmorency Laval
[Montigny-sur-Avre (Eure-et-Loir),
1623 – Québec, 1708] devint, en 1674,
le premier évêque de Québec. C'est à
cette occasion qu'il aurait reçu ce calice
et sa patène de la part du roi Louis XIV.
Le décor en relief comprend, sur le bord
du pied, les quatre évangélistes et leurs
attributs. Sur le pied, on peut voir le
Mariage de la Vierge, la Nativité et
l'Adoration des Mages. Trois niches
dans le nœud contiennent des repré-
sentations de la Foi, de l'Espérance et
de la Charité. Enfin, sur la fausse-coupe,
on distingue l'Annonciation, la Rencontre de Marie et d'Élisabeth et la
Présentation au temple. La patène est
ornée d'un décor représentant la
Pentecôte.

Bibliographie: *Traquair 1940*, p. 78 et
p. 106–107 (nº 5); *Barbeau 1941*, p. 151
et reprod.; *Pages d'histoire du Canada.*
Catalogue d'exposition par Roy Strong,
Galerie nationale du Canada, Ottawa,
1967, p. 92–93 (nº 55) et reprod.

Québec, Musée du Séminaire

31B

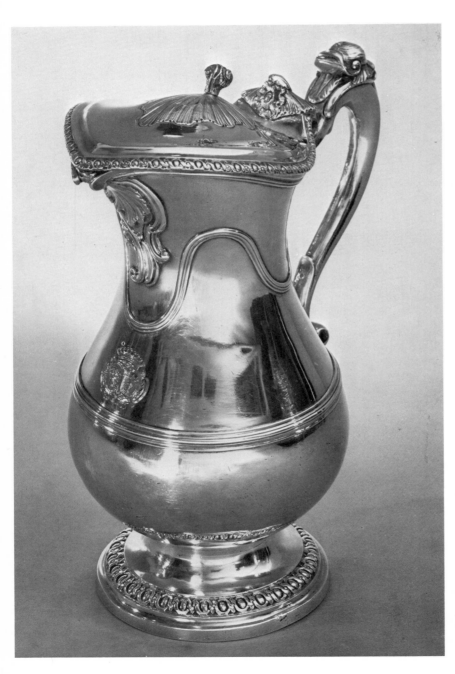

Fauché, Jean
Paris, me 1733 / Paris, 1762

32 *Aiguière*
Paris, 1754–1755

H: 9-1/4 po (23,5 cm)

Armoiries: famille Le Gardeur de
Repentigny et famille Chaussegros de
Léry (*Massicotte 1915*, p. 110 et 132).
Poinçons: M: une fleur de lis couronnée,
deux grains, *JCF*, une abeille; MC de
1754–1755: *O* couronné; C de Paris,
1750–1756; *A* couronné avec palme et
laurier; D de 1750–1756: (a) une tête
de poule, (b) une tête de cheval.

Le 20 avril 1750, Louis Le Gardeur de
Repentigny [Né à Montréal, 1721]
épousait à Québec Marie-Madeleine
Chaussegros de Léry [Québec, 1723 –
Guadeloupe, 1784] (*Tanguay 1871–1890*,
vol. V, p. 294).

Bibliographie: *Traquair 1940*, p. 4–5.

Montréal, Musée des beaux-arts (Legs
Ramsay Traquair, 1952), 52.Ds.45

GC
France, XVIIIᵉ siècle

33 *Plat*
France, XVIIIᵉ siècle

H: 1-5/8 po (4,1 cm); diam: 9-5/8 po
(24,4 cm)

Armoiries: non identifiées.
Inscription: *AM* (pour *Ave Maria*,
chiffre des Sulpiciens).
Poinçon: M: une couronne, un symbole
non identifié, *GC*.

Le Musée de l'église Notre-Dame conserve un autre plat identique à celui-ci.

Bibliographie: *Traquair 1940*, p. 129
(n° 37).

Montréal, Musée de l'église Notre-Dame

Girard, Charles
Paris, me 1722

34 *Plat*
Paris, 1730–1731

H: 2-1/2 po (6,3 cm); diam: 15-1/2 po
(39,3 cm)

Poinçons: M: une fleur de lis couronnée,
deux grains, *CG*, un cœur enflammé;
MC de 1730–1731; *O* couronné; C de
Paris, 1727–1732: *A* couronné sur le
côté; D de 1727–1732: un martinet
couronné.

Montréal, Maison-mère des religieuses
Hospitalières de Saint-Joseph, 1857

Haudry, Charles-César
Paris, me 1732

35 *Écuelle*
Paris, 1734–1735

H: 1-3/4 po (4,4 cm); L: 12-1/4 po
(31,1 cm); diam: 7 po (17,7 cm).

Armoiries: Robert Cavelier de La Salle
(*Massicotte 1915*, p. 99, et *Heraldry in
Canada*, t. II, nº 2 (juin 1968), p. 7.
Poinçons: M: une fleur de lis couronnée,
deux grains, *CCH*, un soleil: MC de
1734–1735: *S* couronné; C de Paris,
1732–1738: *A* couronné; D de
1732–1738: un cheval.

Montréal, La collection Henry Birks
d'argenterie canadienne, F. 7

36A

IA
Paris, XVIIe siècle

36 A. *Calice*
B. *Patène*
Paris, XVIIe siècle

H du calice: 12 po (30,4 cm); diam de la
patène: 7-6/8 po (19,7 cm)

Inscriptions: Sur le calice: *IHS* dans un
cercle autour duquel on peut lire
TU PARS MEA JESUS IN ETERNUM.
Sur le calice et la patène: *PK* (pour
Paroisse de Kébec) et une croix.
Poinçons: Sur le calice: M: une fleur
de lis couronnée, deux grains, une
hermine entre *I* et *A* (sous le pied);
MC: *D* couronné. Autre poinçon
illisible (sur la coupe).

Les inventaires de Notre-Dame de
Québec mentionnent trois calices et
patènes en usage à différentes époques:
en 1639, un grand calice de vermeil doré
et ciselé, pesant 3 marcs 2 onces 1-1/2
gros, en 1678, un grand calice de vermeil
doré et ciselé, acquis du Séminaire de
Québec au coût de 300# , et enfin, en
1766, un calice en argent (avec coupe
dorée dehors et dedans) ciselé, «pour
remplacer un calice et patène emporté
en France par M. Colet [Charles-Ange
Collet, né vers 1723] prefet de la sacristie
du chapitre» (Q.A.P.N.D., pour 1640
et 1672: ms. 1A, et pour 1766: carton
12, n° 87). Il est difficile de préciser de
quelle œuvre il peut s'agir ici. Le calice,
dont la coupe est dorée, porte en relief
un décor très élaboré qui est centré
autour du thème de la vie de la Vierge.
Sur le bord du pied, il comprend six
anges tenant divers instruments de la
Passion. Trois scènes en relief ornent le
pied: l'Annonciation, la Visitation et la
Nativité. Sur le nœud, on retrouve six
anges debout avec les instruments de la
Passion. Enfin, la fausse-coupe est ornée
de trois scènes: le Songe de saint
Joseph, le Repos pendant la fuite en
Égypte et l'Adoration des Mages.
Le décor en relief de la patène représente
un Couronnement de la Vierge.

Bibliographie: *Traquair 1940*, p. 103
(n° 2); *Barbeau 1957*, p. 72.

Québec, Basilique-cathédrale Notre-
Dame

36B

Jácob, François
Paris, mᵉ 1636

et

Jacob, Guillaume
Paris, mᵉ 1680

37 *Ciboire*
Paris, 1689–1690

H: 8-1/2 po (21,5 cm)

Poinçons: M de François Jacob sur le couvercle: une fleur de lis couronnée, deux grains, un coq entre *F* et *J*; M de Guillaume Jacob: une fleur de lis couronnée, deux grains, un coq entre *G* et *J*; MC de 1689–1690: *V* couronné; C de Paris, 1687–1691: *A* surmonté d'une fleur de lis, accosté de deux consoles: D de 1687–1691: (a) deux *A* croisés l'un dans l'autre, surmontés d'une fleur de lis, (b) une couronne.

Bibliographie: Gérard Morisset: *Le trésor de la mission d'Oka*, article dans *La Patrie* de Montréal, livraison du 13 novembre 1949, p. 18.

Oka (Québec), Les prêtres de Saint-Sulpice

Le Blond, Sébastien
Paris, me 1675

et

AB
Paris, xviiie siècle

38 *Écuelle*
   Paris, 1701–1702 (écuelle)
   Paris, 1704–1705 (couvercle)

   H: 1-3/4 po (4,4 cm); L: 11-1/2 po
   (29,2 cm); diam 7-1/4 po (18,4 cm)

   Poinçons: Sur l'écuelle: M: une fleur de
   lis couronnée, deux grains, un *S*, un *L*,
   un *B* au-dessous et au millieu une flèche;
   MC de 1701–1702: *H* couronné; C de
   Paris, 1697–1704: *A* avec sceptre et main
   de justice; autre poinçon. Sur le couvercle: M: une fleur de lis couronnée, deux
   grains, (?) un cœur, *AB*; MC de
   1704–1705: *L* couronné; C de Paris,
   1704–1711: *A* couronné; D de
   1704–1711: une couronne avec sceptre
   et main de justice.

Bibliographie: *Traquair 1940*, p. 118
(no 3).

Québec, Monastère des Ursulines

Loir, Guillaume
Paris, me 1716

39 A. *Crucifix*
B. *Chandeliers*
Paris, 1725–1726 ou 1749–1750

H du crucifix: 28-1/4 po (71,7 cm); H
des chandeliers: 20-1/2 po (52,0 cm)

Inscription: Sur le crucifix: *ND/LAV-
RETTE/H* (pour Notre-Dame de Lorette
et pour Hurons).
Poinçons: Sur le crucifix et les chandeliers: M: une fleur de lis couronnée,
deux grains, *GL*, un croissant; MC de
Paris, 1725–1726 ou 1749–1750: *I* couronné. Sur le crucifix: autres poinçons
illisibles.

Ce crucifix et ces deux chandeliers (d'un
groupe de six) proviennent de l'ancien
Collège des Jésuites de Québec. En
1796, le père Jean-Joseph Casot [Liège
(Belgique), 1728 – Québec, 1800] les
léguait par testament (Q.A.J.Q., Greffe
Joseph Planté, 14 novembre 1796,
no 1333) à la fabrique de Notre-Dame
de Québec.

Bibliographie: *Lindsay 1900*, p. 185;
Barbeau 1957, p. 64 et 66, reprod. en
p. 65 et 66.

Village-des-Hurons (Québec), Église
Notre-Dame-de-Lorette

40

Loir, Guillaume
Paris, m[e] 1716

40 *Vierge à l'Enfant*
Paris, 1731–1732

H totale: 44-1/2 po (1,1 m); H de la
statue: 33 po (83,8 cm)

Poinçons: M: une fleur de lis couronnée,
deux grains, *GL*, un croissant; MC de
1731–1732: *P* couronné; C de Paris,
1727–1732: *A* sur le côté couronné.

Selon Mgr Olivier Maurault, cette statue
aurait été donnée aux Iroquois et aux
Algonquins établis à Oka et dont l'église
était desservie par les Sulpiciens. Elle
aurait été rapportée d'Europe en 1749
et donnée comme témoignage de sym-
pathie à la suite d'une épidémie de petite
vérole qui aurait décimé les Indiens.

Bibliographie: Olivier Maurault: *Oka,
les vicissitudes d'une mission Sauvage.*
Tiré à part de la *Revue trimestrielle
canadienne* (juin 1930), Montréal, 1930,
p. 18; Olivier Maurault: *Les trésors d'une
église de campagne*, dans *Mémoires de la
Société royale du Canada*, 3e série, section I, t. XLI (1947), p. 61–63 et reprod.;
Gérard Morisset: *Le trésor de la mission
d'Oka*, article dans *La Patrie* de Montréal, livraison du 13 novembre 1949,
p. 18; *Morisset 1950*, p. 55 et reprod. en
p. 27.

Oka (Québec), Les prêtres de Saint-
Sulpice

40 Détail:

Loir, Guillaume
Paris, me 1716

41 *Calice*
Paris, 1749–1750

H: 11-1/2 po (29,2 cm)

Poinçons: M: une fleur de lis couronnée, deux grains, *GL*, un croissant; MC de 1749–1750: *I* couronné; C de Paris, 1744–1750: *A* couronné; D de 1744–1750: une tête de saumon.

La croix dorée rivée au pied du calice est une addition ultérieure.

Bibliographie: *Traquair 1940*, p. 126 (nº 7).

Montréal, Musée de l'église Notre-Dame

Loir, Guillaume
Paris, mᵉ 1716

42 *Ostensoir*
Paris, 1749–1750

H: 17-3/4 po (45,0 cm)

Poinçons: M: une fleur de lis couronnée, deux grains, *GL*, un croissant; MC de 1749–1750: *I* couronné; C de Paris, 1744–1750: *A* couronné; D de 1744–1750: une tête de saumon.

Bibliographie: *Morisset 1950*, p. 55 et reprod.

Rivière-Ouelle (Québec), Fabrique Notre-Dame-de-Liesse (Prêt permanent au Musée du Québec, Québec)

Loir, Jean-Baptiste
Paris, mᵉ 1689 / Paris, 1716

43 *Ciboire*
Paris, 1699–1700

H: 11-1/2 po (29,2 cm)

Poinçons: M: une fleur de lis couronnée, deux grains, *IBL*, un trèfle; MC de 1699–1700; *I* couronné; C de Paris, 1697–1704: *A* avec sceptre et main de justice.

La mission Saint-François-de-Sales (Odanak) était, sous le régime français, desservie par les Jésuites.

Bibliographie: *Barbeau 1957*, p. 77 et reprod. en p. 55.

Odanak (Québec), Musée des Abénakis

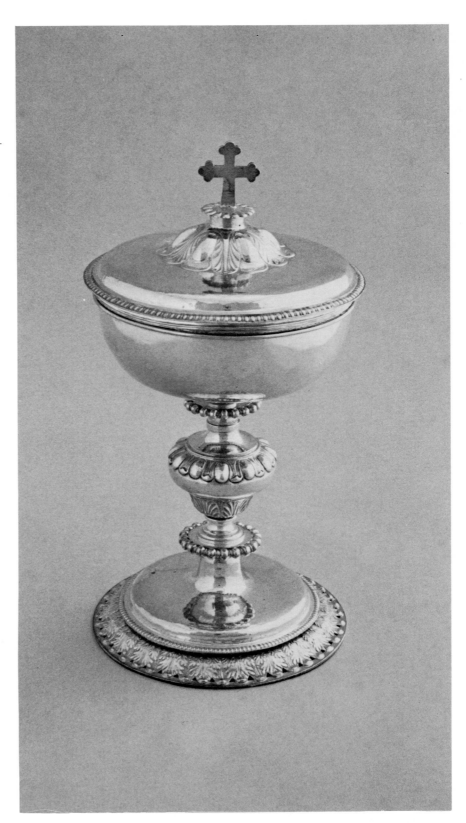

Loir, Jean-Baptiste
Paris, m^e 1689 / Paris, 1716

et

TT*
Paris, xviiie siècle

44 *Crucifix*
Paris, 1703–1708

H : 17-3/4 po (45,0 cm)

Inscription: *DONNE PAR MONSIEVR DYBERVILLE EN 1706.*
Poinçons: M de Loir: une fleur de lis couronnée, deux grains, *IBL*, un trèfle (sur la croix); M: une fleur de lis couronnée, deux grains, *TT*, un symbole (sous le pied); C de Paris, 1703–1708: *A* couronné; D de 1703–1708: une couronne avec sceptre et main de justice. Autre poinçon: *E* couronné avec deux grains de remède.

Pierre Le Moyne d'Iberville [Montréal, 1661 – La Havane, 1706] fut l'un des personnages les plus célèbres de la Nouvelle-France.

Bibliographie: Lucien Gagné et Jean-Pierre Asselin: *Sainte-Anne de Beaupré, trois cents ans de pèlerinage*, Sainte-Anne de Beaupré, 1967, p. 16 et reprod. en p. 31.

Sainte-Anne de Beaupré (Québec), Pères Rédemptoristes

Loir, Jean-Baptiste
Paris, me 1689 / Paris, 1716

45 *Calice*
Paris, 1703–1704

H: 9 po (22,8 cm)

Poinçons: M: une fleur de lis couronnée, deux grains, *IBL*, un trèfle; MC de 1703–1704: *K* couronné; C de Paris, 1703–1708: *A* couronné; D: (a) de 1703–1708: une couronne avec sceptre et main de justice, (b) une fleur de lis.

Ottawa, Galerie nationale du Canada, 16872

Mahon, Thomas
Chartres (Eure-et-Loir), XVIIe siècle

46 *Reliquaire de la tunique de la Vierge*
Chartres, 1679

H: 9-1/2 po (24,1 cm); L: 6-3/4 po (17,1 cm)

Inscription: *IUSSU VENERAND. D.D./ CAP. INSIGN. ECCL. CARN./ THOMAS MAHON CARNOTAEUS/ ELABORAVIT. ANNO MDCLXXIX* (à l'intérieur)
Poinçons: M: une ancre autour de laquelle s'enroule (?) un monstre et les initiales *TM*; MC: dans un cartouche trilobé, *A* surmonté d'une fleur de lis.

Lionel Saint-George Lindsay traduit ainsi l'inscription: «Fait sur la commande des vénérables chanoines de l'insigne église de Chartres, par Thomas Mahon, Chartrain, l'an 1679». Lindsay et Marius Barbeau (1957) citent, au sujet de ce reliquaire, l'autobiographie du père Pierre-Joseph-Marie Chaumonot [Châtillon-sur-Seine (Côte d'Or), 1611 – Québec, 1693] «Ils [les chanoines de Chartres] ont fait aux mêmes [Hurons] un riche présent d'un grand reliquaire d'argent, très bien travaillé, pesant près de six marcs, ayant la figure de la chemise de Notre-Dame qu'on garde à Chartres, et représentant d'un côté le mystère de l'Annonciation, et de l'autre l'image de la Vierge qui tient son Fils, telle qu'on l'a reçue des Druides. Enfin, ils ont rempli ce reliquaire des os de plusieurs saints dont ils ont les châsses, et ils nous l'ont envoyé après l'avoir laissé sur la sainte châsse neuf jours entiers, pendant lesquels ils ont fait pour notre mission des prières extraordinaires».

Bibliographie: *Lindsay 1900*, p. 196–204 et reprod. en p. 197; *Barbeau 1941*, p. 151 et reprod.; *Morisset 1950*, p. 26 et reprod.; *Detroit 1951*, p. 46–48 (n° 53) et reprod. en p. 47; *Barbeau 1957*, p. 42–47 et reprod. en p. 40–41; W. E. Greening: *Loretteville and the Treasure of the Jesuits*, dans *Canadian Geographical Journal*, t. LXV, n° 3 (septembre 1962), p. 93; *Pages d'histoire du Canada*. Catalogue d'exposition par Roy Strong, Galerie nationale du Canada, Ottawa, 1967, p. 90 (n° 54) et reprod. en p. 91.

Village-des-Hurons (Québec), Église Notre-Dame-de-Lorette

46 Avers: *Vierge à l'Enfant*

Maillard, Michel
Paris, me 1749 / Paris, 1786

47 *Écuelle*
Paris, 1752

H: 1-3/4 po (4,4 cm); L: 11-1/4 po
(28,5 cm); diam: 6-3/4 po (17,1 cm)

Poinçons: M: une fleur de lis, deux
grains, *MM*, un cœur; MC de 1752: *L*
couronné; C de Paris, 1750–1756: *A*
couronné avec palme et laurier: D de
1750–1756: une tête de sanglier.

Montréal, La collection Henry Birks
d'argenterie canadienne, F. 6

Mercier, Jean-Baptiste
Paris, me 1724 / Mort 1767

48 *Chandeliers*
Paris, 1728–1729

H: 8-3/8 po (21,2 cm)

Armoiries: famille d'Abbadie de Saint-Castin (*Massicotte 1915*, p. 89).
Inscriptions: *C*, une croix, *S; S*, une croix, *C* inversé.
Poinçons: M: une fleur de lis couronnée, deux grains, *JBM*, une grenade; MC de 1728–1729: *M* couronné; C de Paris, 1727–1732: *A* sur le côté couronné; D de 1727–1732: une merlette couronnée.

Bibliographie: *Traquair 1940*, p. 122 (no 9).

Montréal, Les sœurs de la Congrégation de Notre-Dame, 8f 847 et 8f 848

ML
La Rochelle (Charente-Maritime),
XVIIᵉ siècle

49 *Tasse à goûter*
La Rochelle, XVIIᵉ siècle

H: 1-3/16 po (3,1 cm); L: 4-13/16 po
(12,2 cm); diam: 3-1/2 po (8,8 cm)

Inscription: *P I MORT*[R]*EL*, une fleur
gravée.
Poinçons: M: *ML* dans un cartouche;
MC de La Rochelle: *H* couronné sur la
lettre *Q*; C: *H* couronné, accosté de
deux fleurs de lis, sur *I*.

Pierre Mortrel est mentionné dans les
annales de l'Hôpital général de Québec
pour 1711: «En cette même année décèda
pierre mortrel habitant de Charlebourg,
qui avait donné son bien à cette maison,
sa donnation fut si entiere qu'il ne se ré-
serva rien [...] Se voyant sans enfans, il
prit ses pauvres pour sa famille [...] il fut
attaqué d'hydropisie dont il soutint ses
souffrances de six mois [...] il fut inhumé
dans l'Eglise...» (Q.A.H.G., Annales de
l'Hôpital général de Québec, 1709–1729,
p. 6).

Bibliographie: *Traquair 1940*, p. 115
(nᵒ 9).

Québec, Musée du monastère des
Augustines de l'Hôpital général, 1696–1

Patu, Denis
Paris, me 1668

50 *Gobelet*
Paris, 1684–1685

H: 3-9/16 po (9,0 cm)

Armoiries: François-Saturnin Lascaris
d'Urfé, marquis d'Urfé et de Baugé.
Poinçons: M: une fleur de lis couronnée,
deux grains, un trait de haut en bas entre
D et *P*, un *T* sous le tout; MC de
1684–1685: *P* couronné; C de Paris,
1684–1687: *A* surmonté d'une fleur de lis
accosté de deux étoiles, trois croissants
renversés sur cette fleur de lis, et un
croissant au-dessous du *A*; D: une petite
couronne de deux rayons fermée par une
fleur de lis, et, au milieu, une autre fleur
de lis.

L'abbé François-Saturnin Lascaris
d'Urfé était Sulpicien. Il arriva au Canada à l'automne de 1668. Il devint le
premier curé de Sainte-Anne-de-Bellevue
en 1686 et retourna en France de façon
définitive en 1687.

Bibliographie: *Traquair 1940*, p. 125
(nº 1); *Notre-Dame 1943*, p. 17 (nº 209).

Montréal, Musée de l'église Notre-Dame

50 Détail: Armoiries et poinçons

PL
Paris, XVIIᵉ siècle

51 *Ciboire*
Paris, 1681–1682

Argent doré
H: 11-1/2 po (29,2 cm)

Inscription: *POVR LES RELIGIEVSES
HOSP DE MONTREAL 1682.*
Poinçons: M: une fleur de lis couronnée,
deux grains, *P*, un motif en forme de
croix, *L*; MC de Paris, 1681–1682: *M*
couronné; C: (?) une fleur de lis, un
soleil et *A* au centre; D: (?) une couronne fleur de lisée fermée. Autre poinçon:
une fleur de lis fermée d'un anneau par le
bas.

Montréal, Maison-mère des religieuses
Hospitalières de Saint-Joseph, 2179

PL
Paris, xviiᵉ siècle

52 *Calice*
Paris, 1682–1683

H: 9-1/2 po (24,1 cm)

Inscription: une croix et cinq lettres ou chiffres (au sommet du cou du pied, autour du pas-de-vis).
Poinçons: M: une fleur de lis couronnée, deux grains, *P*, un motif en forme de croix, *L*; MC de Paris, 1682–1683: *N* couronné; C: illisible; D: une couronne fermée.

Ce calice a été attribué à Paul Lambert*.

Bibliographie: *Morisset 1941*, p. 96; *Morisset* 1945, p. 65–66 et reprod. en pl. X; *Trois cents ans d'art canadien*. Catalogue d'exposition par R. H. Hubbard et J. R. Ostiguy, Galerie nationale du Canada, Ottawa, 1967, p. 14 (nᵒ 13) et reprod. en p. 15.

Sainte-Famille, Île d'Orléans (Québec), Fabrique Sainte-Famille

Porcher, Alexis
Paris, mᵉ 1725

53 *Encensoir*
Paris, 1740–1742

H: 9-1/2 po (24,1 cm)

Poinçons: M: une fleur de lis couronnée, deux grains, *AP*, une corbeille; MC de 1740–1742: *A* couronné; C de Paris, 1738–1744: *A* avec palmes entrelacées, couronné; D: non identifié.

Bibliographie: *Lindsay 1900*, p. 185; *Morisset 1943*, p. 10 et reprod. en pl. III; *Barbeau 1957*, p. 85 et reprod. en p. 84.

Village-des-Hurons (Québec), Église Notre-Dame-de-Lorette

Porcher, Alexis
Paris, mᵉ 1725

54 *Saint Ignace de Loyola*
Paris, 1751–1752

H totale: 19-1/2 po (49,5 cm); H de la statue: 17-7/8 po (45,4 cm)

Poinçons: M: une fleur de lis couronnée, deux grains, *AP*, une corbeille; MC de 1751–1752: *L* couronné; C de Paris, 1750–1756: *A* couronné avec palme et laurier; D de 1750–1756: une tête de sanglier.

Cette statue provient de l'ancien Collège des Jésuites de Québec. En 1796, le père Jean-Joseph Casot [Liège (Belgique), 1728 – Québec, 1800] la léguait par testament (Q.A.J.Q., Greffe Joseph Planté, 14 novembre 1796, nᵒ 1333) à l'Hôpital général de Québec. Elle sera cependant confiée, le 14 avril 1800, à la garde de l'Hôtel-Dieu de Québec par le lieutenant-gouverneur (Q.A.H.D., Gouvernement anglais, 14 avril 1800, tiroir 4, carton 405). Ce document établit le poids de l'œuvre: 11 marcs 4 onces. À l'assemblée capitulaire du 17 mai 1856, les religieuses de l'Hôtel-Dieu de Québec décideront «de faire présent aux Révérends Pères Jésuites de Québec d'une Statue en argent de leur Sᵗ Fondateur revêtue des Habits sacerdotaux, haute d'un pieds et demi et pésant quatre livres et six onces». Le don est fait à condition que la statue ne sorte pas du «District de Québec» et qu'elle revienne à la communauté advenant le départ des Jésuites du diocèse (Q.A.H.D., Actes capitulaires des Hospitalières de l'Hôtel-Dieu de Québec, 1700–1912, p. 133–1/2). Cette statue est le pendant de celle de *Saint François Xavier* (nᵒ 55).

Bibliographie: *Barbeau 1957*, p. 61 et 237.

Québec, Résidence des pères Jésuites

Porcher, Alexis
Paris, mᵉ 1725

55 *Saint François Xavier*
Paris, 1751–1752

H totale: 28–7/8 po (73,3 cm); H de la statue: 21 po (53,3 cm)

Poinçons: M: une fleur de lis couronnée, deux grains, *AP*, une corbeille; MC de 1751–1752: *L* couronné; C de Paris, 1750–1756: *A* couronné avec palme et laurier; D de 1750–1756: une tête de sanglier.

Cette statue provient de l'ancien Collège des Jésuites de Québec. En 1796, le père Jean-Joseph Casot [Liège (Belgique), 1728 – Québec, 1800] la léguait par testament (Q.A.J.Q., Greffe Joseph Planté, 14 novembre 1796, nᵒ 1333) à l'Hôpital général de Québec. Selon Marius Barbeau, l'inventaire des biens des Jésuites en fait mention en 1800. Elle est mentionnée pour la première fois dans un inventaire de Notre-Dame de Québec en 1832: «la Statue de Sᵗ. Frs Xavier d'argent monté sur un pied d'estale en bois noir enrichie par des fleurs d'argent» (Q.A.P.N.D., carton 12, nᵒ 93). Cette statue est le pendant de celle de *Saint Ignace de Loyola* (nᵒ 54).

Bibliographie: *Barbeau 1957*, p. 61 et p. 237.

Québec, Basilique-cathédrale Notre-Dame

54

55

Porcher, Alexis
Paris, me 1725

56 *Vases à fleurs*
Paris, 1751–1752

H: 9 po (22,8 cm)

Poinçons: M: une fleur de lis couronnée, deux grains, *AP*, une corbeille; MC de Paris, 1751–1752: *L* couronné; D de 1750–1756: une tête de poule.

Ces deux vases font partie d'un groupe de quatre exécutés par le même orfèvre à la même date. Ils ont été attribués à Jacques Roettiers [Paris, me 1733]. On a avancé l'hypothèse qu'ils avaient été donnés, après 1752, à la mission huronne de Lorette par Louis [1729–1765], dauphin de France, fils de Louis XV. Cependant, selon Marius Barbeau, «4 pots à fleurs avec les fleurs» sont mentionnés parmi les objets d'argent dans l'inventaire des biens des Jésuites en 1800, et «quatre pots à fleurs» sont confiés, le 14 avril 1800, à la garde de l'Hôtel-Dieu de Québec par le lieutenant-gouverneur (Q.A.H.D., Gouvernement anglais, 14 avril 1800, tiroir 4, carton 405). Ce dernier document établit le poids des pièces: 7 marcs 3 onces 6 gros. Ces vases pourraient bien être ceux de la mission huronne.

Bibliographie: *Lindsay 1900*, p. 185; *Jones 1918*, p. 147; Edward Wenham: *Canada's Early Silversmiths*, dans *The Spur*, juin 1929, p. 96 et reprod.; *Detroit 1951*, p. 64–65 (nos 96–97); *Barbeau 1957*, p. 67, 237 et reprod.; *Pages d'histoire du Canada*. Catalogue d'exposition par Roy Strong, Galerie nationale du Canada, Ottawa, 1967, p. 88 (nos 52–53) et reprod. en p. 89.

Village-des-Hurons (Québec), Église Notre-Dame-de-Lorette

Porcher, Alexis
Paris, m^e 1725

57 *Saint Joseph*
Paris, 1754–1755

H totale: 23-1/2 po (59,6 cm); H de la
statue: 16-1/2 po (41,9 cm)

Inscription: *SJ* (pour Saint Joseph, enlacés sur le piédestal).
Poinçons: M: une fleur de lis couronnée,
deux grains, *AP*, une corbeille; MC de
1754–1755: *O* couronné; C de Paris,
1750–1756: *A* couronné avec palme et
laurier; D de 1750–1756: une tête de
sanglier.

On ne connait aucune indication précise
sur la provenance de cette statue.

Bibliographie: *Lindsay 1900*, p. 188–190;
Jones 1918, p. 147; *Barbeau 1957*,
p. 60–61 et reprod.

Village-des-Hurons (Québec), Église
Notre-Dame-de-Lorette

Saint-Nicolas, Nicolas-Antoine de
Paris, me 1714

58 *Écuelle*
Paris, 1717–1718

H: 4 po (10,1 cm); L: 11-1/2 po
(29,2 cm); diam: 6-3/4 po (17,1 cm)

Poinçons: M: une fleur de lis couronnée,
deux grains, *ASN*, une rose; MC de
1717–1718: *A* couronné; C de Paris,
1717–1722: *A* couronné avec deux palmes; D de 1717–1722: une fleur de lis au
milieu de quatre autres petites.

Bibliographie: *Traquair 1940*, p. 118
(no 4).

Québec, Monastère des Ursulines

Soulaine, Paul
Paris, me 1720 / Mort 1759

59 *Plat*
Paris, 1744–1750

H: 1-3/4 po (4,4 cm); diam: 10-3/8 po
(26,3 cm)

Armoiries: famille Godefroy de
Tonnancourt (*Massicotte 1915*, p. 136).
Inscription: *GVY*.
Poinçons: M: une fleur de lis couronnée,
deux grains, *PLS*, une toison; C de Paris,
1744–1750: *A* couronné; D de
1744–1750: une levrette courante.

Ce plat proviendrait de la famille Baby.

Gananoque (Ontario), Collection de
M. John L. Russell

Soulaine, Paul
Paris, me 1720 / Mort 1759

60 *Plat*
Paris, 1750–1756

diam: 10 po (25,4 cm)

Armoiries: famille La Corne (*Massicotte 1918*, p. 111).
Inscription: *Donne par Madame Guillon-du-Plessis en 1712 a l'occasion de la prise d'habit de ses deux filles religieuses à l'Hôtel-Dieu.*

Poinçons: M: une fleur de lis couronnée, deux grains, *PLS*, une toison; C de Paris, 1750–1756: *A* couronné avec palme et laurier; D de 1750–1756: une tête de sanglier.

L'inscription est une addition ultérieure.

Montréal, Maison-mère des religieuses Hospitalières de Saint-Joseph, 784

Thibaron, Jean
Paris, mᵉ 1717 / Paris, 1760

61 A. *Bénitier*
B. *Goupillon*
Paris, 1717

H du bénitier: 5-5/8 po (14,2 cm); L du goupillon: 8-6/8 po (22,2 cm)

Poinçons: Sur le bénitier: M: une fleur de lis couronnée, deux grains, *JTB*, une sainte ampoule; C de Paris, 1712–1717: *A* sur une couronne inversée.

Bibliographie: *Barbeau 1957*, p. 82 et reprod.

Village-des-Hurons (Québec), Église Notre-Dame-de-Lorette

TT
Paris, XVIIIᵉ siècle

Voir également nᵒˢ 44 et 139.

62 *Ciboire*
Paris, 1707–1708

H: 10-3/4 po (27,3 cm)

Poinçons: M: une fleur de lis couronnée, deux grains, *TT*, un symbole; MC de 1706–1707: *N* couronné; C de Paris, 1703–1708: *A* couronné; D: (a) de 1703–1708: une couronne avec sceptre et main de justice, (b) (?) une fleur de lis.

Ottawa, Galerie nationale du Canada, 16871

63 Détail: Armoiries

Vallières, Nicolas Clément
Paris, me 1732

63 *Plat*
Paris, 1752

H: 3/4 po (1,9 cm); diam: 10 po (25,4 cm).

Armoiries: famille Godefroy de Tonnancourt (*Massicotte 1915*, p. 136). Poinçons: M: une fleur de lis couronnée, deux grains, *NCV*, une perle; MC de 1752: *L* couronné; C de Paris, 1750–1756: *A* couronné avec palme et laurier.

Collection privée

Viaucourt, Gabriel
Paris, me 1698

64 *Aiguière*
Paris, 1739–1740

H: 10-1/8 po (25,7 cm)

Armoiries: (?) famille de Sabrevois.
(*Massicotte 1918*, p. 35).
Inscription: *PFT* (lettres poinçonnées).
Poinçons: M: une fleur de lis couronnée,
deux grains, *GV*, une étoile; MC de
1739–1740: *Z* couronné; C de Paris,
1738–1744: *A* couronné avec deux palmes entrelacées.

Bibliographie: *Traquair 1940*, p. 126
(no 4); *Notre-Dame 1943*, p. 16 (no 196).

Montréal, Musée de l'église Notre-Dame

Catalogue

L'orfèvrerie de Nouvelle-France

Le chiffre entre parenthèses qui suit
immédiatement la description du poinçon indique le nombre de fois où celui-ci
est apposé sur la pièce.

A

(?) Nouvelle-France, XVIIIe siècle

65 *Tasse*

(?) Nouvelle-France, XVIIIe siècle

H: 2-3/4 po (6,9 cm)

Inscriptions: *MIDV* (poinçonnés), *DL*.
Poinçon: une couronne, *A* (3).

Bibliographie: *Traquair 1940*, p. 56;
Langdon 1960, p. 36; *Langdon 1966*,
p. 43.

Montréal, Musée des beaux-arts (Legs
Ramsay Traquair, 1952), 52.Ds.27

(?) Baudry dit Des Buttes,
Guillaume
Québec, 1656 – Trois-Rivières, 1732

66 *Tasse à goûter*
(?) Trois-Rivières, XVIIIe siècle

H: 1-1/8 po (2,8 cm); L: 5-1/8 po
(13,0 cm); diam: 3-7/8 po (9,8 cm)

Inscription: *CBT.*
Poinçon: *B* dans un cartouche dentelé (2).

Bibliographie: *Traquair 1940*, p. 57;
Langdon 1960, p. 42; *Langdon 1966*, p. 54.

Montréal, Musée des beaux-arts (Legs
Ramsay Traquair, 1952), 52.Ds.29

Cotton, Jean
-1715/1744-

67 A. *Cuiller*
  B. *Fourchette*
  Québec, 1740

L de la cuiller: 7-7/8 po (19,9 cm); L de la fourchette: 7-5/8 po (19,4 cm)

Inscription: Sur la cuiller et sur la fourchette: *IOANNES COTTON 1740.* Poinçon: Sur la cuiller et sur la fourchette: une couronne fermée, *IC*, une étoile (1 sur chaque pièce).

Ce sont les deux seules œuvres connues de cet orfèvre.

Bibliographie: *Traquair 1940*, p. 57 et 67; *Langdon 1960*, p. 45; *Langdon 1966*, p. 61.

Québec, Musée du monastère des Augustines de l'Hôpital général, 1740–1A et 1740–1B

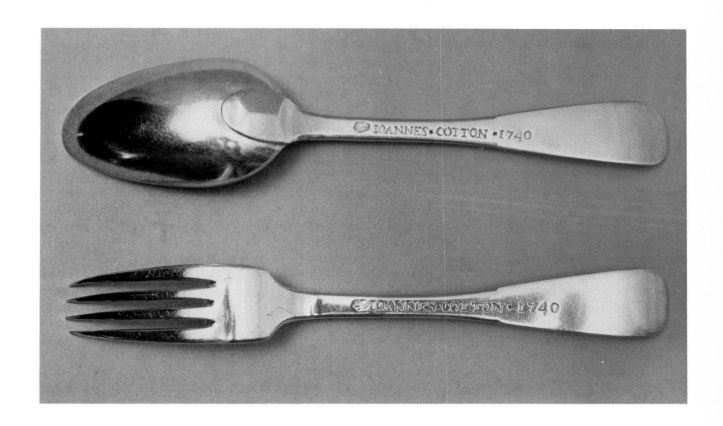

Cotton, Michel
Québec, 1700 – Sainte-Famille, Île
d'Orléans, 1773

68 *Écuelle*
Québec ou Montréal, XVIIIᵉ siècle

H: 1-3/4 po (4,4 cm); L: 11-3/4 po
(29,8 cm); diam: 6-13/16 po (17,3 cm)

Inscription: *CD*.
Poinçon: une fleur de lis, *M*, un point,
C, une étoile (1).

Montréal, La collection Henry Birks
d'argenterie canadienne, Q. 121C

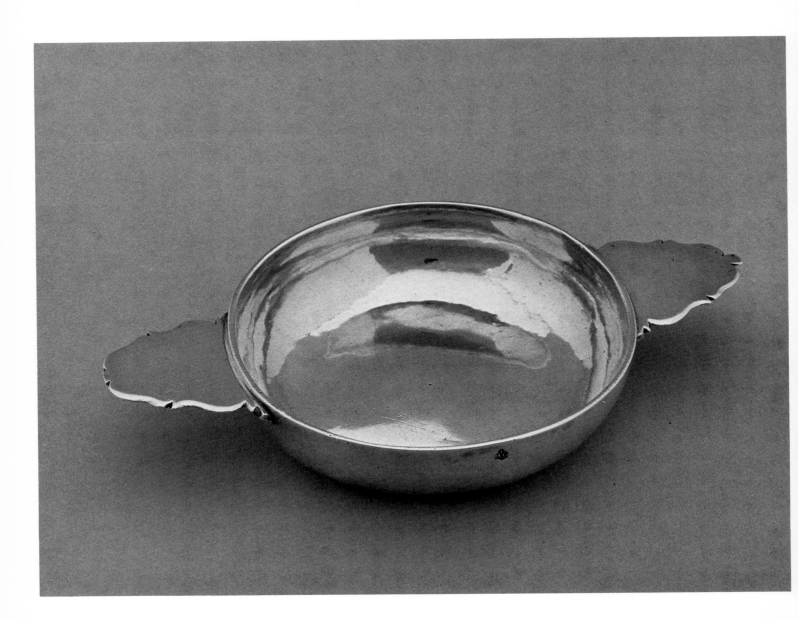

Cotton, Michel
Québec, 1700 – Sainte-Famille, Île d'Orléans, 1773

69 *Gobelet*
Québec ou Montréal, XVIIIᵉ siècle

H: 2-3/8 po (6,0 cm)

Inscription: *LGD*.
Poinçon: une fleur de lis, *M*, un point, *C*, une étoile (1).

Ce gobelet a déjà fait partie de la collection de Louis Carrier.

Bibliographie: *Québec 1952*, p. 62 (nᵒ 215).

Montréal, Musée des beaux-arts (Don du Dʳ et de Mᵐᵉ Charles F. Martin, 1947), 47.Ds.14

Cotton, Michel
Québec, 1700 – Sainte-Famille, Île
d'Orléans, 1773

70 *Ostensoir*
Québec, vers 1740

H: 20 po (50,8 cm)

Poinçon: une fleur de lis, *M*, un point, *C*,
une étoile (2).

Bibliographie: *Barbeau 1939*, p. 184 et
reprod. en pl. VI; *Morisset 1941*, p. 96;
Gérard Morisset: *Un cordonnier orfèvre,
Michel Cotton*, article dans *La Patrie* de
Montréal, livraison du 26 février 1950,
p. 26 et reprod. en p. 18; *Québec 1952*,
p. 62 (n° 217); *Vancouver 1959*, p. 66
(n° 259); *Langdon 1966*, p. 61.

Sainte-Famille, Île d'Orléans (Québec),
Fabrique Sainte-Famille

Delezenne, Ignace-François
Lille (Nord), vers 1717 – Baie-du-
Febvre, 1790

71 *Burette*
Québec ou Montréal, xviiie siècle

H: 3-13/16 po (9,7 cm)

Poinçon: une couronne fermée, *IF,
D* (1).

Un trou à la partie supérieure de cette
burette laisse supposer qu'elle était dotée
d'une anse à l'origine.

Bibliographie: *Montréal 1970*, p. 3
(no 19).

Montréal, La collection Henry Birks
d'argenterie canadienne, C. 214

(?) Delezenne, Ignace-François
Lille (Nord), vers 1717 – Baie-du-
Febvre, 1790

72 *Calice*
Québec ou Montréal, XVIIIe siècle

H: 9 po (22,8 cm)

Poinçon: une couronne, *DZ* (2).

Il est possible que la fausse-coupe de ce
calice soit une addition ultérieure.

Montréal, La collection Henry Birks
d'argenterie canadienne, Q. 133A

Delezenne, Ignace-François
Lille (Nord), vers 1717 – Baie-du-Febvre, 1790

73 *Ciboire*
Québec ou Montréal, XVIIIe siècle

H: 9-1/2 po (24,1 cm)

Poinçon: une couronne ouverte, *I*, un point, *F*, *D* (1).

Montréal, La collection Henry Birks d'argenterie canadienne, C. 258

(?) Delezenne, Ignace-François
Lille (Nord), vers 1717 – Baie-du-
Febvre, 1790

74 *Coupe*
Québec ou Montréal, XVIIIᵉ siècle

H: 1-3/4 po (4,4 cm) L: 6-3/8 po
(16,1 cm); diam: 4-5/8 po (11,7 cm)

Poinçon: une couronne, *DZ* (1).

Cette coupe proviendrait de la famille
Tarieu de Lanaudière et, selon la tradition, aurait été faite pour Madeleine de
Verchères [Sorel, 1678 – Sainte-Anne de
la Pérade, 1747], / femme de Pierre-
Thomas de Lanaudière [Québec, 1677 –
Sainte-Anne de la Pérade, 1757]. Cette
œuvre a déjà fait partie de la collection
de Louis Carrier.

Bibliographie: *Detroit 1946*, p. 38
(nᵒ 137) et reprod. en pl. XVIII; *Detroit
1951*, p. 68 (nᵒ 111) et reprod. en p. 69;
Québec 1952, p. 63 (nᵒ 221) et reprod. en
pl. XXIII; *Vancouver 1959*, p. 67 (nᵒ 279)
et reprod. en p. 76; *Bordeaux 1962*,
p. 56–57 (nᵒ 84) et reprod. en pl. XXXVI.

Québec, Musée du Québec, A.60.206.0

Delezenne, Ignace-François
Lille (Nord), vers 1717 – Baie-du-
Febvre, 1790

75 *Bénitier*
Montréal, vers 1750

H : 6-3/4 po (17,1 cm)

Poinçon : une couronne fermée, *IF*,
D (4).

La mission Saint-François-de-Sales
(Odanak) était, sous le régime français,
desservie par les Jésuites. Un autre bénitier, de forme presque identique, portant
le même poinçon, se trouve à la mission
Saint-François-Xavier (Caughnawaga).

Bibliographie : *Barbeau 1957*, p. 83 et
reprod. en p. 55.

Odanak (Québec), Musée des Abénakis

Delezenne, Ignace-François
Lille (Nord), vers 1717 – Baie-du-
Febvre, 1790

76 *Écuelle*
Montréal, vers 1750

H: 1-5/8 po (4,1 cm); L: 12 po
(30,4 cm); diam: 7-1/8 po (18,1 cm)

Inscription: *AM* (pour *Ave Maria*,
chiffre des Sulpiciens).
Poinçon: une couronne fermée, *IF*,
D (2).

Bibliographie: *Traquair 1940*, p. 128
(n° 27); *Notre-Dame 1943*, p. 18
(n° 219).

Montréal, Musée de l'église Notre-Dame

Delezenne, Ignace-François
Lille (Nord), vers 1717 – Baie-du-
Febvre, 1790

77 *Écuelle*
Montréal, vers 1750

H: 1-5/8 po (4,1 cm); L; 12-1/4 po
(31,1 cm); diam: 7-1/2 po (19,0 cm)

Inscription: *AM* (pour *Ave Maria*,
chiffre des Sulpiciens).
Poinçon: une couronne ouverte, *I*, un
point, *F*, *D* (1).

Un poinçon illisible apparaît sous chacune des anses qui proviennent peut-être
d'une écuelle française.

Bibliographie: *Traquair 1940*, p. 128
(n° 29) et reprod. en pl. XI; *Notre-Dame
1943*, p. 18 (n° 219).

Montréal, Musée de l'église Notre-Dame

Delezenne, Ignace-François
Lille (Nord), vers 1717 – Baie-du-
Febvre, 1790

78 *Gobelet*
Montréal, vers 1750

H: 2-1/4 po (5,7 cm)

Inscription: *C*, une croix et *P* (poinçon-
nés).
Poinçon: une couronne fermée, *IF*,
D (1).

Le fond du gobelet semble avoir été ré-
paré.

Bibliographie: *Traquair 1940*, p. 124
(no 18) et reprod. en pl. III.

Montréal, Les sœurs de la Congrégation
de Notre-Dame, 8g 877

(?) Delezenne, Ignace-François
Lille (Nord), vers 1717 – Baie-du-
Febvre, 1790

79 *Bougeoir*
Québec, vers 1755

H: 2-3/4 po (6,9 cm); L: 9 po (22,8 cm);
diam: 4-3/4 po (12,0 cm)

Inscription: *M*[surmonté d'une croix]*E*
(chiffre du Séminaire des Missions étrangères).
Poinçon: une couronne, *DZ* (1).

Québec, Musée du Séminaire

Delezenne, Ignace-François
Lille (Nord), vers 1717 – Baie-du-
Febvre, 1790

80 *Calice*
Québec, vers 1755

H: 10 po (25,4 cm)

Inscription: *N.D. de Foye* (sous la base).
Poinçon: une couronne fermée, *IF*,
D (1).

Sainte-Foy (Québec), Fabrique Notre-
Dame-de-Foy

Delezenne, Ignace-François
Lille (Nord), vers 1717 – Baie-du-
Febvre, 1790

81 *Écuelle*
Québec, vers 1755

H: 1-1/2 po (3,8 cm); L: 10-7/8 po
(27,6 cm); diam: 6-1/8 po (15,5 cm)

Inscription: *M*[surmonté d'une croix]*E*
(chiffre du Séminaire des Missions étrangères).
Poinçon: une couronne fermée, *IF*, *D* (2).

Bibliographie: *Québec 1952*, p. 64
(n° 223); *Vancouver 1959*, p. 67 (n° 278).

Québec, Musée du Séminaire

(?) Delezenne, Ignace-François
Lille (Nord), vers 1717 – Baie-du-
Febvre, 1790

82 *Écuelle*
Québec, vers 1755

H: 1-3/4 po (4,4 cm); L: 12-7/8 po
(32,7 cm); diam: 7 po (17,7 cm)

Inscription: *M*[surmonté d'une croix]*E*
(chiffre du Séminaire des Missions étrangères).
Poinçon: une couronne, *DZ* (1).

Le manche de cette écuelle est en bois.

Bibliographie: *Québec 1952*, p. 64
(n° 224).

Québec, Musée du Séminaire

(?) Delezenne, Ignace-François
Lille (Nord), vers 1717 – Baie-du-
Febvre, 1790

83 A. *Navette*
    B. *Cuiller à encens*
    C. *Encensoir*
    Québec, vers 1755

H de la navette: 3 po (7,6 cm); L de la
cuiller: 4-5/16 po (11,0 cm); H de l'encensoir: 9 po (22,8 cm)

Inscriptions: Sur la navette: *P/OT.*
Sur l'encensoir: *A L'HOPITALLE
GENERALES.*
Poinçon: Sur l'encensoir, sur la navette
et sur la cuiller: une couronne, *DZ* (1 sur
la navette, 1 sur la cuiller, 3 sur l'encensoir).

Bibliographie: *Traquair 1940*, p. 116
(n° 19); *Morisset 1968*, p. 14 et reprod.

Québec, Musée du monastère des
Augustines de l'Hôpital général,
1755-1A, 1755-1B et 1755-1C

(?) Delezenne, Ignace-François
Lille (Nord), vers 1717 – Baie-du-
Febvre, 1790

84 *Gobelet*
Québec, vers 1755

H: 2-1/4 po (5,7 cm)

Poinçon: une couronne, *DZ* (1)

Québec, Musée du Séminaire

(?) Delezenne, Ignace-François
Lille (Nord), vers 1717 – Baie-du-
Febvre, 1790

85 *Instrument de paix*
Québec, vers 1755

H: 5-1/2 po (14,0 cm); l: 3-3/8 po
(8,5 cm)

Poinçon: une couronne, *DZ* (1).

La représentation de la Vierge à l'Enfant
sur cet instrument de paix semble s'ins-
pirer de celle qui apparaît sur des
ferrures de missel françaises (nº 9).

Québec, Archevêché de Québec

(?) Delezenne, Ignace-François
Lille (Nord), vers 1717 – Baie-du-
Febvre, 1790

86 A. *Aiguière*
B. *Plateau*
Québec, 1772–1773

H de l'aiguière: 5-3/4 po (14,6 cm);
L du plateau: 11 po (27,9 cm);
l du plateau: 7-3/8 po (18,7 cm)

Inscription: Sur l'aiguière: *P* [inversé]
D1772.
Poinçon: Sur l'aiguière et sur le plateau:
une couronne, *DZ* (2 sur l'aiguière et
1 sur le plateau).

Deux inscriptions de paiements faits en
1773 par l'Hôtel-Dieu de Québec pourraient se rapporter à ces œuvres. Parmi
les dépenses de mars 1773, il est mentionné «payez pour la façon d'une
burette et d'une assiette d'argent pour
servir à l'administration des lavements
au pauvres de notre hotel Dieu 36#»
(Q.A.H.D., Recettes et dépenses du
monastère et de l'hôpital, 1746–1781,
p. 311) et, parmi les dépenses de l'année
1773 «payez pour la fasçon d'une burette

et de son assiette d'argent pour servir
à l'administration des lavements des
malades de notre hotel Dieu [...] 37#»
(Q.A.H.D., Recettes et dépenses de
l'hôpital, 1732–1775, p. 353).
Le terme «lavement» doit être inter-
prété ici dans son sens liturgique.

Bibliographie: *Traquair 1940*, p. 113
(nos 26–27).

Québec, Monastère des Augustines de
l'Hôtel-Dieu, A-6A et A-6B

Delique, Charles-François
(?) Paris, vers 1723 / 1780-

87 *Ampoules aux saintes huiles*
Montréal, vers 1760

H: 2-1/2 po (6,3 cm)

Inscriptions: Sur la première: *OS* (pour Onction Sainte?). Sur la seconde: *SC* (pour Saint-Chrême) et *OC* (qu'on semble avoir voulu oblitérer).
Poinçon: *F, DL* dans un cartouche partiellement dentelé et encadré au haut et au bas d'un autre poinçon en forme de feuille dont les nervures forment un «Y» renversé (1).

Montréal, Musée des beaux-arts (Legs Ramsay Traquair, 1952), 52.Ds.47A et 52.Ds.47B

Delique, Charles-François
(?) Paris, vers 1723 / 1780-

88 *Gobelet*
Montréal, vers 1760

H: 2-1/2 po (6,3 cm)

Inscription: lettres non identifiées,
BB (poinçonnés).
Poinçon: *F*, *DL* dans un cartouche
partiellement dentelé et accompagné
d'un autre poinçon en forme de feuille
dont les nervures forment un «Y»
renversé (2).

Montréal, Musée des beaux-arts (Legs
Ramsay Traquair, 1952), 52.Ds.24

Deschevery dit Maisonbasse, Jean-Baptiste
Bayonne (Pyrénées-Atlantiques),
vers 1695 – Québec, vers 1745

89 *Calice*
Québec, vers 1735

H: 8-1/4 po (20,9 cm)

Inscription: une croix, *JS* (sous le pied).
Poinçon: une fleur de lis, *MB*, une
étoile (1).

Bibliographie: *Barbeau 1939*, p. 184.

Québec, Musée du Séminaire

**Deschevery dit Maisonbasse,
Jean-Baptiste**
Bayonne (Pyrénées-Atlantiques),
vers 1695 – Québec, vers 1745

90 *Calice*
Québec, vers 1735

H: 8-1/2 po (21,6 cm)

Poinçon: une fleur de lis, *MB*, une
étoile (2).

Ce calice proviendrait des environs de
Grand Falls (Nouveau-Brunswick).

Bibliographie: *Montréal 1970*, p. 3
(n° 12).

Montréal, La collection Henry Birks
d'argenterie canadienne, Q. 363

Deschevery dit Maisonbasse,
Jean-Baptiste
Bayonne (Pyrénées-Atlantiques),
vers 1695 – Québec, vers 1745

91 *Ciboire*
Québec, vers 1735

H: 9-1/4 po (23,5 cm)

Poinçon: une fleur de lis, *MB*, une
étoile (3).

La croix du couvercle, qui manquait,
a été remplacée en 1969. Il est également
possible que la base du pied du ciboire
ait été refaite au xixᵉ siècle.

Bibliographie: *Montréal 1970*, p. 3
(nᵒ 11).

Montréal, La collection Henry Birks
d'argenterie canadienne, Q. 118

**Deschevery dit Maisonbasse,
Jean-Baptiste**
Bayonne (Pyrénées-Atlantiques),
vers 1695 – Québec, vers 1745

92 *Gobelet*
Québec, vers 1735

H: 2-1/4 po (5,7 cm)

Inscription: *VP.*
Poinçon: une fleur de lis, *M*, un point,
B, une étoile (1).

Montréal, La collection Henry Birks
d'argenterie canadienne, Q. 433

(?) Gadois dit Mauger, Jacques
(?) Montréal, vers 1686 – Montréal, 1750

93 *Écuelle*
Montréal, XVIIIᵉ siècle

H: 1-13/16 po (4,6 cm); L: 11-1/2 po
(29,2 cm); diam: 7 po (17,7 cm)

Inscription: (?) *IG* couronné.
Poinçon: une fleur de lis, *M*, un point,
G, un croissant (1).

Bibliographie: *Montréal 1970*, p. 3
(nº 8).

Montréal, La collection Henry Birks
d'argenterie canadienne, Q. 121A

(?) Gadois dit Mauger, Jacques
(?) Montréal, vers 1686 – Montréal, 1750

94 *Gobelet*
Montréal, XVIIIe siècle

H: 2-5/8 po (6,6 cm)

Inscription: *C* et une croix (poinçonnés), *LR*.
Poinçon: *MG* dans un cartouche (1).

Montréal, Les sœurs de la Congrégation
de Notre-Dame

(?) Gadois dit Mauger, Jacques
(?) Montréal, vers 1686 – Montréal, 1750

95 *Gobelet*
Montréal, XVIIIe siècle

H: 2-3/4 po (6,9 cm)

Inscription: *C*, une croix et *I* (poinçonnés).
Poinçon: *MG* dans un cartouche (1).

Le piédouche peut être une addition
ultérieure.

Bibliographie: *Traquair 1940*, p. 123
(n° 15).

Montréal, Les sœurs de la Congrégation
de Notre-Dame, 8g 878

(?) Gadois dit Mauger, Jacques
(?) Montréal, vers 1686 – Montréal, 1750

96 *Tasse à goûter*
Montréal, xviiie siècle

H: 1-7/8 po (4,7 cm); L: 4-13/16 po
(12,2 cm); diam: 3-3/8 po (8,5 cm)

Inscription: *LOVIS LEROV, X* au-
dessus, *LACHOSSÉ; C* et une croix
(poinçonnés), *LR*.
Poinçon: *MG* dans un cartouche (1).

Cette tasse à goûter a pu appartenir à
Louis Leroux dit Lachaussée [Rouen
(Seine-Maritime), 1664 – Montréal,
1747] qui se maria à Montréal en 1704.
Il fut sergent dans la compagnie de M.
de Longueuil (*Tanguay 1871–1890*,
vol. V, p. 359).

Bibliographie: *Traquair 1940*, p. 59,
67 et 123 (n° 14).

Montréal, Les sœurs de la Congrégation
de Notre-Dame

96 Détail

(?) Gadois dit Mauger, Jacques
(?) Montréal, vers 1686 – Montréal, 1750

97 *Encensoir*
Montréal, vers 1729

H: 9 po (22,8 cm)

Inscription: *I, G, M, O, G, E.*

Ramsay Traquair mentionne un reçu, signé «Jgadoismogé», pour la somme de 102# payée par la fabrique Notre-Dame de Montréal «pour lansansoyre» en 1729. Deux encensoirs à peu près identiques sont conservés au Musée de l'église Notre-Dame et ils portent tous deux une suite de lettres détachées qui pourraient être interprétées comme suit: «I» pour Jacques, «G» pour Gadois et «MOGE» pour Maugé.

Bibliographie: *Traquair 1940*, p. 6 et 130 (n° 42); *Notre-Dame 1943*, p. 12 (n° 131); *Morisset 1945*, p. 16.

Montréal, Musée de l'église Notre-Dame

(?) Gauvreau, Pierre
Né vers 1676 – Québec, 1717

98 *Cuiller*
Québec, vers 1715

L: 7-9/16 po (19,2 cm)

Inscription: *SRGT.*
Poinçon: *P*, un point et *G* dans un
rectangle (1).

Cette cuiller a déjà fait partie de la
collection de Louis Carrier.

Bibliographie: *Detroit 1946*, p. 36
(n° 115); Gérard Morisset: *Un cordonnier orfèvre, Michel Cotton*, article dans
La Patrie de Montréal, livraison du
26 février 1950, p. 18 et reprod.; *Detroit
1951*, p. 67 (n° 98); *Québec 1952*, p. 66
(n° 236); *Vancouver 1959*, p. 68 (n° 285);
Morisset 1968, p. 15.

Québec, Musée du Québec, A.60.284.0

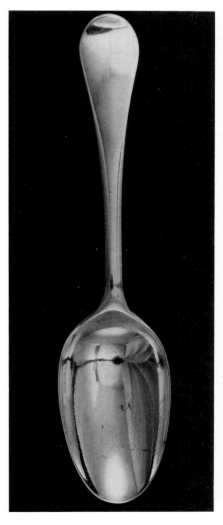
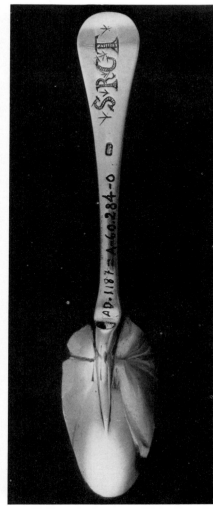

Lambert dit Saint-Paul, Paul
Arras (Pas-de-Calais), 1691 ou 1703 –
Québec, 1749

et

(?) Payne*, Samuel
Londres, vers 1696 / 1732 –

99 *Écuelle*
(?) Québec, vers 1730

H: 1-7/8 po (4,7 cm); L: 11 po
(27,9 cm); diam: 6-3/8 po (16,1 cm)

Inscription: *GL* couronné, *AG*.
Poinçons: De Lambert: une fleur de lis,
PL, une étoile (3). De (?) Payne: une
couronne, (?) une fleur de lis, *SP* (1).

La présence de ces deux poinçons
d'orfèvre sur une même pièce pourrait
faire croire que Lambert et Payne ont
travaillé en société. Par contre, il est à
noter que les lettres «S» et «P» correspondent aux initiales du surnom de
Lambert.

Bibliographie: *Traquair 1940*, p. 30,
64 et reprod. en pl. I.

Montréal, Musée des beaux-arts (Legs
Ramsay Traquair, 1952), 52.Ds.20

Lambert dit Saint-Paul, Paul
Arras (Pas-de-Calais), 1691 ou 1703 –
Québec, 1749

100 A. *Burettes*
B. *Plateau*
Québec, vers 1735

H des burettes: 6 po (15,2 cm);
1 du plateau: 9-1/4 po (23,5 cm);
L du plateau: 12-1/8 po (31,2 cm)

Inscriptions: Sur la première burette:
V (pour *Vino*, sur la panse et à l'intérieur
du couvercle). Sur la seconde burette:
A (pour *Aqua*, sur la panse et à l'intérieur
du couvercle).
Poinçons: Sur les burettes et le plateau:
une fleur de lis, *PL*, une étoile (2 sous
chaque pièce).

Bibliographie: Edward Wenham:
Canada's Early Silversmiths, dans
The Spur, juin 1929, p. 96 et reprod.;
Morisset 1945, reprod. en pl. XIX et
XXIII; *Québec 1952*, p. 68 (nᵒ 245) et 70
(nᵒ 252); *Barbeau 1957*, p. 78 et reprod.;
Langdon 1966, reprod. en pl. 17.

Village-des-Hurons (Québec), Église
Notre-Dame-de-Lorette

Lambert dit Saint-Paul, Paul
Arras (Pas-de-Calais), 1691 ou 1703 –
Québec, 1749

101 *Chandeliers*
Québec, vers 1735

H: 8 po (20,3 cm)

Poinçon: une fleur de lis, *PL*, une étoile
(2 sous chaque pièce).

Bibliographie: *Jones 1918*, p. 147–148.

Village-des-Hurons (Québec), Église
Notre-Dame-de-Lorette

Lambert dit Saint-Paul, Paul
Arras (Pas-de-Calais), 1691 ou 1703 –
Québec, 1749

102 *Chandelier*
Québec, vers 1735

H: 10 po (25,4 cm)

Inscription: *SN* (pour Saint-Nicolas)
surmonté d'une croix (sous le pied).
Poinçons: une fleur de lis, *PL*, une
étoile (2).

Ce chandelier provient de l'église
Saint-Nicolas (Lévis). Il a tout probablement été commandé à Paul
Lambert pour faire la paire avec un
chandelier français (nº 6) que con-
servait cette église.

Bibliographie: *Detroit 1946*, p. 37
(nº 126); *Langdon 1966*, reprod. en
pl. 26; *Langdon 1969*, reprod. en p. 62.

Montréal, La collection Henry Birks
d'argenterie canadienne, Q. 71B

171

Lambert dit Saint-Paul, Paul
Arras (Pas-de-Calais), 1691 ou 1703 –
Québec, 1749

103 *Ciboire*
Québec, vers 1735

H: 9 po (22,8 cm)

Inscription: une croix, *IS*.
Poinçon: une fleur de lis, *PL*, une
étoile (2).

L'inscription correspond aux initiales
d'un évêque de Québec, Mgr Joseph
Signay [Québec, 1778 – Québec, 1850].
Il écrivit, le 4 octobre 1843, aux parois-
siens de Saint-Gilles de Lotbinière: «Au
reste, N.T.C.F. [Nos très chers frères],
pour vous marquer l'intérêt que nous
prenons à tout ce qui peut vous aider
dans les dépenses que vous avez à faire
pour vous procurer plusieurs effets
requis pour l'exercice du saint ministère
dans votre chapelle, et pour les offices
publics, nous nous sommes fait un plaisir
de vous envoyer un certain nombre de
ces effets, que votre curé vous fera connaître. Nous vous en faisons un pur don,
excepté en ce qui regarde le «ciboire»
que nous vous prêtons à votre chapelle,
et dont on conservera l'usage jusqu'à ce
que votre fabrique soit en moyen de se
procurer ce vase sacré.» En 1868, après
le décès de Mgr Signay survenu en 1850,
le curé Bernier mentionne le ciboire
parmi les biens de la fabrique[1].

Bibliographie: *Vancouver 1959*, p. 68
(no 295) et reprod. en p. 64; *Bordeaux
1962*, p. 59 (no 90).

Saint-Gilles de Lotbinière (Québec),
Fabrique Saint-Gilles (Prêt permanent
au Musée du Québec, Québec)

1. Ces renseignements ont été tirés des
   A.P. de Saint-Gilles de Lotbinière
   par M. Charles-Aurèle Beaulieu,
   prêtre-curé de cette paroisse.

Lambert dit Saint-Paul, Paul
Arras (Pas-de-Calais), 1691 ou 1703 –
Québec, 1749

104 *Ciboire*
Québec, vers 1735

H: 9 po (22,8 cm)

Inscription: *T-O.Sᵗ, D.Sᵗ, H.*
Poinçon: une fleur de lis, *PL*, une
étoile (2).

Montréal, La collection Henry Birks
d'argenterie canadienne, Q. 506

Lambert dit Saint-Paul, Paul
Arras (Pas-de-Calais), 1691 ou 1703 –
Québec, 1749

105 *Ciboire*
Québec, vers 1735

H: 8-1/2 po (21,5 cm)

Inscription: *VT, DP.*
Poinçon: une fleur de lis, *PL*, une
étoile (1).

Montréal, La collection Henry Birks
d'argenterie canadienne, Q. 98A

Lambert dit Saint-Paul, Paul
Arras (Pas-de-Calais), 1691 ou 1703 –
Québec, 1749

106 *Écuelle*
Québec, vers 1735

H: 1-1/4 po (3,1 cm); L: 8-1/2 po
(21,5 cm); diam: 6-1/4 po (15,8 cm).

Inscription: *S.U.* (pour Sœurs
Ursulines).
Poinçon; une fleur de lis, *PL*, une
étoile (4).

Bibliographie: *Traquair 1940*,
p. 119 (nº 9).

Québec, Monastère des Ursulines

Lambert dit Saint-Paul, Paul
Arras (Pas-de-Calais), 1691 ou 1703 –
Québec, 1749

107 *Écuelle*
Québec, vers 1735

H: 1-7/8 po (4,7 cm); L: 11-7/8 po
(30,1 cm); diam: 7 po (17,7 cm)

Inscriptions: *RKP;* autre inscription
illisible.
Poinçon: une fleur de lis, *PL*, une
étoile (3).

Bibliographie: *Traquair 1940*, p. 111
(nº 8); *Morisset 1945*, reprod. en
pl. XXVI.

Québec, Monastère des Augustines
de l'Hôtel-Dieu, A-30

Lambert dit Saint-Paul, Paul
Arras (Pas-de-Calais), 1691 ou 1703 –
Québec, 1749

108 *Gobelet*
Québec, vers 1735

H: 2-3/16 po (5,5 cm)

Inscriptions: *IG*.
Poinçon: une fleur de lis, *PL*, une
étoile (2).

Montréal, La collection Henry Birks
d'argenterie canadienne, Q. 388

Lambert dit Saint-Paul, Paul
Arras (Pas-de-Calais), 1691 ou 1703 –
Québec, 1749

109 *Gobelet*
Québec, vers 1735

H: 5-1/8 po (13,0 cm)

Poinçon: une fleur de lis, *PL*, une
étoile (3).

Dans une liste, établie vers 1800, des
«ustenciles» légués par le père Jean-
Joseph Casot [Liège (Belgique),
1728 – Québec, 1800] aux religieuses
de l'Hôtel-Dieu de Québec, on mentionne «un gobelet et son couvercle
d'argent» (Q.A.H.D., Biens des
Jésuites et Père Casot, tiroir 4, carton
405A). Il pourrait bien s'agir de cette
œuvre.

Bibliographie: *Traquair 1940*, p. 111
(n° 9); *Morisset 1945*, p. 50 et reprod.
en pl. **XXIII**.

Québec, Monastère des Augustines
de l'Hôtel-Dieu, A-25

Lambert dit Saint-Paul, Paul
Arras (Pas-de-Calais), 1691 ou 1703 –
Québec, 1749

110 *Mortier*
Québec, vers 1735

H: 3-11/16 po (9,6 cm); diam: 4-5/8 po
(11,7 cm)

Poinçon: une fleur de lis, *PL*, une
étoile (3).

Ce mortier provient de l'ancien Collège des Jésuites de Québec. Dans une liste, établie vers 1800, des «ustenciles» légués par le père Jean-Joseph Casot [Liège (Belgique), 1728 – Québec, 1800] aux religieuses de l'Hôtel-Dieu de Québec, on mentionne «un pilon d'argent et sa pile» (Q.A.H.D., Biens des Jésuites et Père Casot, tiroir 4, carton 405A). Un autre document rapporte: «Le 19 mai [1881], Sa Grâce Monseigneur Notre Archevêque nous annonçait qu'à l'avenir nous porterions une croix d'argent, afin que notre costume fût en tout conforme à celui de nos maisons de Notre-Dame des Anges et du Sacré-Cœur [...]. Notre Mère chargea de la confection de nos croix Monsieur Pierre Lespérance, elle lui fournit à cet effet diverses pièces d'argent massif, parmi lesquelles se trouvait un joli mortier...» (Q.A.H.D., Annales de l'Hôtel-Dieu de Québec, du 4 avril 1877 au 21 avril 1888, vol. III, p. 166).

Le 27 juin 1881, on mentionne: «Nous eûmes encore le plaisir de recevoir ce jour-là une nouvelle visite de Notre Excellent Gouverneur Géneral [Sir John Douglas Sutherland Campbell, marquis de Lorne (Londres, 1845 – Mort en 1914) qui épousa en 1871 Louise, fille de la reine Victoria] [...] Alors son interlocutrice fit allusion au mortier d'argent que nous avions livré à Monsieur Lespérance pour en faire des croix. [Et, en note: «Ayant trouvé que ce mortier pouvait servir d'un riche vase antique pour contenir la glace, et connaissant l'affection que son Altesse Royale la Princesse Louise porte à notre maison, le Marquis avait eu la délicate attention d'acheter cet objet chez l'orfèvre, pour l'envoyer à sa noble épouse alors en Angeleterre, comme souvenir de l'Hôtel-Dieu.»] – «Mais souvenez-vous, répliqua Son Excellence, que vous vous en étiez déjà dessaisies; autrement je n'aurais pas voulu vous priver de ce précieux objet.» (*Idem*, p. 171).

Dans la correspondance de Marius Barbeau, en 1947 et en 1948, deux lettres font état de ce mortier qui est alors disponible et qu'on songe à faire revenir au Canada (Ottawa, Musée national de l'homme, Centre canadien d'étude sur la culture traditionnelle, Fonds Marius Barbeau, lettres de Betty Francis à Barbeau, 29 octobre 1947 et 4 janvier 1948). Le mortier reviendra au Canada en 1948.

Bibliographie: *Detroit 1951*, p. 67 (n° 103); *Langdon 1966*, reprod. en pl. 42; *Langdon 1969*, reprod. en p. 60.

Montréal, La collection Henry Birks d'argenterie canadienne, Q. 332

Lambert dit Saint-Paul, Paul
Arras (Pas-de-Calais), 1691 ou 1703 –
Québec, 1749

111 *Ostensoir*
Québec, vers 1735

H: 17-1/2 po (44,4 cm)

Poinçon: une fleur de lis, *PL*, une
étoile (4).

Bibliographie: *Langdon 1969*, p. 57 et
reprod.; *Montréal 1970*, p. 3 (nᵒ 1).

Montréal, La collection Henry Birks
d'argenterie canadienne, Q. 82

Lambert dit Saint-Paul, Paul
Arras (Pas-de-Calais), 1691 ou 1703 –
Québec, 1749

112 *Ostensoir*
Québec, vers 1735

H: 17-1/4 po (43,8 cm)

Poinçon: une fleur de lis, *PL*, une
étoile (4).

Bibliographie: *Morisset 1945*, p. 73–74
et reprod. en pl. II–III; *Québec 1952*,
p. 69 (n° 251); *Vancouver 1959*, p. 69
(n° 297).

Sillery (Québec), Fabrique Saint-Michel

Lambert dit Saint-Paul, Paul
Arras (Pas-de-Calais), 1691 ou 1703 –
Québec, 1749

113 *Porte-Dieu*
Québec, vers 1735

H: 2-1/2 po (6,3 cm)

Inscription: *IH*[surmonté d'une croix
et trois clous au-dessous]*S* (sur le
couvercle).
Poinçon: une fleur de lis, *PL*, une
étoile (3).

Montréal, La collection Henry Birks
d'argenterie canadienne, Q. 98B

Lambert dit Saint-Paul, Paul
Arras (Pas-de-Calais), 1691 ou 1703 –
Québec, 1749

114 *Tasse à goûter*
Québec, vers 1735

H: 7/8 po (2,2 cm); L: 4 po (10,1 cm)

Inscription: *P, PIER.*
Poinçon: une fleur de lis, *PL*, une
étoile (2).

Montréal, La collection Henry Birks
d'argenterie canadienne, Q. 361

Lambert dit Saint-Paul, Paul
Arras (Pas-de-Calais), 1691 ou 1703 –
Québec, 1749

115 (?) *Tasse à quêter*
Québec, vers 1735

H: 1-1/8 po (2,8 cm); diam: 5-1/2 po
(13,9 cm)

Inscription: *IH*[surmonté d'une croix
et trois clous au-dessous]*S*.
Poinçon: une fleur de lis, *PL*, une
étoile (2).

Lionel Saint-George Lindsay a décrit
cette œuvre comme étant une sébile et
Edward Wenham comme étant une
patène. Marius Barbeau y a vu une
piscine ou une sébile tandis que Gérard
Morisset l'a définie comme étant une
tasse à quêter.

Bibliographie: *Lindsay 1900*, p. 185;
Edward Wenham: *Canada's Early
Silversmiths*, dans *The Spur*, juin 1929,
p. 96 et reprod.; *Morisset 1945*, p. 78 et
reprod. en pl. XX; Gérard Morisset:
La tasse à quêter, dans *Mémoires de la
Société royale du Canada*, 3e série,
section I, t. XLI (1947), p. 66; *Barbeau
1957*, p. 81 et reprod.

Village-des-Hurons (Québec), Église
Notre-Dame-de-Lorette

115 Avers

115 Revers

Lambert dit Saint-Paul, Paul
Arras (Pas-de-Calais), 1691 ou 1703 –
Québec, 1749

116 (?) *Tasse à quêter*
Québec, vers 1735

H: 1 po (2,5 cm); L: 4-5/8 po (11,7 cm);
diam: 3-1/2 po (8,8 cm)

Inscription: *R* (pour Religieuses)/
HOSPITALIERES/DE QUEBEC.
Poinçon: une fleur de lis, *PL*, une
étoile (2).

Selon Gérard Morisset (1947), il
s'agirait d'une tasse à quêter. Les anses
semblent toutefois nous indiquer
qu'il s'agit d'une coupe.

Bibliographie: *Traquair 1940*, p. 111
(n° 11) et reprod. en pl. V; *Morisset
1945*, reprod. en pl. XXII; Gérard
Morisset: *La tasse à quêter*, dans
*Mémoires de la Société royale du
Canada*, 3e série, section I, t. XLI
(1947), p. 66 et reprod. en p. 70.

Québec, Monastère des Augustines
de l'Hôtel-Dieu, A-10

Lambert dit Saint-Paul, Paul
Arras (Pas-de-Calais), 1691 ou 1703 –
Québec, 1749

117 *Vases à fleurs*
Québec, vers 1735

H : 7-7/8 po (20,0 cm)

Poinçon : une fleur de lis, *PL*, une
étoile (2 sous chaque pièce).

Bibliographie : *Lindsay 1900*, p. 185;
Morisset 1945, p. 79 et reprod. en
pl. XVII; Gérard Morisset : *L'orfèvre
Paul Lambert dit Saint-Paul*, article dans
La Patrie de Montréal, livraison du
1er janvier 1950, p. 14 et reprod.;
Québec 1952, p. 70 (no 255); *Barbeau
1957*, p. 68 et reprod.; W. E. Greening :
*Loretteville and the Treasure of the
Jesuits*, dans *Canadian Geographical
Journal*, t. LXV, no 3 (septembre 1962),
p. 93.

Village-des-Hurons (Québec), Église
Notre-Dame-de-Lorette

Lambert dit Saint-Paul, Paul
Arras (Pas-de-Calais), 1691 ou 1703 –
Québec, 1749

118 *Lampe de sanctuaire*
Québec, 1739

H: 14 po (35,5 cm)

Poinçon: une fleur de lis, *PL*, une
étoile (9).

Cette lampe de sanctuaire est mentionnée à deux reprises dans les livres de
comptes du Monastère des Ursulines
de Québec. En juillet 1739: «Reçu de
ma sœur de St. Augustin novice pour
payer la façon de la lampe d'argent
150#» et, en août 1739: «Payé au Sr
St Paul pour la façon de la lampe
d'argent de l'Eglise 150#» (Québec,
Archives des Ursulines de Québec,
Livre des recettes et dépenses,
1715–1740). D'autre part, il semble
certain que cette lampe fut faite à
partir d'autres pièces d'orfèvrerie,
probablement françaises, afin de compléter le décor de la chapelle du monastère pour les fêtes du premier centenaire
de l'arrivée des Ursulines à Québec:
«En pouvions-nous trop faire pour
marquer notre reconnaissance au Seigneur, pour les bénédictions versées avec
tant d'abondance sur notre maison
depuis son établissement? Ce motif nous
porta aussi à nous défaire d'une partie
de l'argenterie de notre infirmerie, pour
faire une lampe pesant quatorze marcs
(ancien poids de huit onces), car ce
meuble manquait à notre chapelle
depuis notre fondation en ce pays.»
(*Les Ursulines de Québec depuis leur
établissement jusqu'à nos jours*, C.
Darveau, Québec, 1878, vol. II,
p. 185–186).

Bibliographie: *Traquair 1940*, p. 119
(nº 10); *Morisset 1945*, p. 72–73 et
reprod. en pl. I.

Québec, Monastère des Ursulines

Lambert dit Saint-Paul, Paul
Arras (Pas-de-Calais), 1691 ou 1703 –
Québec, 1749

119 *Ciboire*
Québec, vers 1740

H: 9-5/16 po (23,6 cm)

Poinçon: une fleur de lis, *PL*, une
étoile (8).

Bibliographie: *Morisset 1945*, p. 68–69
et reprod. en pl. XIV; *Québec 1952*,
p. 69 (n° 248).

Saint-Vallier de Bellechasse (Québec),
Fabrique Saint-Vallier

Lambert dit Saint-Paul, Paul
Arras (Pas-de-Calais), 1691 ou 1703 –
Québec, 1749

120 *Calice*
Québec, 1741

H: 10-3/4 po (27,3 cm)

Poinçon: une fleur de lis, *PL*, une
étoile (2).

En 1741, les livres de comptes de la
fabrique de Charlesbourg font mention
d'un calice acheté du «père Degouard»
pour la somme de 260# (A.P. de Saint-
Charles Borromée de Charlesbourg,
Livre de comptes I, 1741, fº 109). Le
père Nicolas de Gonnor [Poitiers
(Vienne), 1691 – Québec, 1759] était
Jésuite et il exerça, de 1740 à 1743, son
ministère à l'Ancienne-Lorette
(*Allaire 1910*, p. 249).

Bibliographie: *Morisset 1945*, p. 66–67
et reprod. en pl. IX; *Vancouver 1959*,
p. 69 (nº 300); Luc Noppen et John R.
Porter: *Les églises de Charlesbourg et
l'architecture religieuse du Québec*,
«*Civilisation du Québec*, nº 9, série
Architecture», Ministère des affaires
culturelles, Québec, 1972, p. 58.

Charlesbourg (Québec), Fabrique
Saint-Charles Borromée

Lambert dit Saint-Paul, Paul
Arras (Pas-de-Calais); 1691 ou 1703 –
Québec, 1749

121 *Ciboire*
Québec, 1745

H: 10 po (25,4 cm)

Poinçon: une fleur de lis, *PL*, une
étoile (5).

Mgr Henri-Marie Dubreuil de Pontbriand [France, 1708 – Montréal, 1760]
évêque de Québec, ordonna à la fabrique, lors de sa visite à Saint-Augustin
le 22 juillet 1744, «de faire faire un
ciboire plus grand, de façon que le pied
puisse servir au soleil, et qu'il soit fait
une quête et que l'on supplée à cette
dépense de l'argent de la fabrique»
(Cité dans A. Béchard: *Histoire de la
paroisse de Saint-Augustin*, Québec,
1885, p. 89–90). En 1745, le curé
Desnoyers notera que la fabrique a
fait faire «par ordre de Monseigneur
LEvêques dans le cours de sa visitte un
grand ciboire d'argent qui a couté deux
cent six livres, le marc d'argent vallant
51 liv. 10 s. Payé 206 liv.» (Cité dans
idem, p. 97). En ce qui a trait au pied
de l'ostensoir, qui était en bois doré et
argenté, on en fit faire un en argent.

Bibliographie: *Morisset 1945*, p. 69, 83,
84 et reprod. en pl. VIII et XIII.

Saint-Augustin de Portneuf (Québec),
Fabrique Saint-Augustin

Lambert dit Saint-Paul, Paul
Arras (Pas-de-Calais), 1691 ou 1703 –
Québec, 1749

122 *Bâton de croix processionnelle*
Québec, 1746

H: 65 po (1,6 m)

Poinçon: une fleur de lis, *PL*, une
étoile (3).

122 Détail

Ce bâton de croix processionnelle provient de l'église Saint-Pierre, Île d'Orléans. Il a été fait en même temps qu'un
encensoir (no 123). On mentionne, en
1746, dans les livres de comptes de la
fabrique de Saint-Pierre, au chapitre des
recettes: «reçu dans une queste pour une
croix d'argent sept cens soixante et dix
livres quinze sols» et, à celui des dépenses, qu'il a été payé «au Sieur St paule
orfèvre pour façon d'une croix d'argent
deux cens soixante et dix livres»; «pour
argent en masse quatorze marcs a cinquante cinq livres le marc sept cens
soixante et dix livres données aux Sieurs
taché et Dupéré...»; «pour ciselure d'un
St Pierre plassé sur la ditte croix vint
quatre livres...»; «donnéz a Louis crepos
forgeron pour façon d'une croix de ferre
et sa douye pour soutenir la croix d'argent six livres...» (A.P. de Saint-Pierre,
Île d'Orléans, Livre de comptes I,
1680–1789). La partie supérieure de la
croix comportait donc un saint Pierre en
relief et l'âme de la croix d'argent était
en fer. L'argent qui a servi à faire la croix
avait été acquis au coût de 770 # tandis
que l'orfèvre avait été payé 270 # pour
son travail. La partie supérieure de la
croix a probablement disparu entre 1746
et 1789 puisque dans un inventaire,
dressé en 1789, on ne parle que d'une
«croix argentée dont le manche est d'argent pur» (*Idem*).

Bibliographie: *Morisset 1945*, p. 77–78
et reprod. en pl. XV.

Montréal, Musée des beaux-arts (Don de
Henry Birks and Sons, 1953), 53.Ds.3

Lambert dit Saint-Paul, Paul
Arras (Pas-de-Calais), 1691 ou 1703 –
Québec, 1749

123 *Encensoir*
Québec, 1746

H: 10-1/2 po (26,6 cm)

Poinçon: une fleur de lis, *PL*, une
étoile (3).

Cet encensoir provient de l'église Saint-
Pierre, Île d'Orléans. Il a été fait en
même temps qu'un bâton de croix processionnelle (no 122). On mentionne, en
1746, dans les livres de comptes de la
fabrique de Saint-Pierre, au chapitre des
recettes: «pour une encensoire d'argent
item reçu de divers particuliers comme il
SenSuit [plus de 274#]» et, à celui des
dépenses: «pour façon d'une encensoire
données au Sieur St paule cent Soixante
et dix livres...» et «a Mr taché pour Soixentes piastres de Six livres trois cens
Soixente livres . . .» (A.P. de Saint-Pierre,
Île d'Orléans, Livre de comptes I,
1680–1789). On a donc acheté de M.
Taché de la monnaie d'argent destinée à
être fondue par l'orfèvre pour faire l'encensoir.

Bibliographie: *Morisset 1941*, p. 96 et
reprod. en pl. 25; *Morisset 1943*, p. 9–10
et reprod. en pl. II; *Morisset 1945*,
p. 74–75 et reprod. en pl. V; *Vancouver
1959*, p. 69 (no 298); *Langdon 1969*, p. 62
et reprod.; *Montréal 1970*, p. 3 (no 2).

Montréal, La collection Henry Birks
d'argenterie canadienne, Q. 63

Lambert dit Saint-Paul, Paul
Arras (Pas-de-Calais), 1691 ou 1703 –
Québec, 1749

124 *Bénitier*
Québec, vers 1748

H: 8-1/2 po (21,5 cm)

Inscription: *IHS* (deux fois), *HD* (pour
Hôtel-Dieu).
Poinçon: une fleur de lis, *PL*, une
étoile (2).

Ce bénitier provient de l'ancien Collège
des Jésuites de Québec. En 1796, le père
Jean-Joseph Casot [Liège (Belgique),
1728 – Québec, 1800] le léguait par
testament (Q.A.J.Q., Greffe Joseph
Planté, 14 novembre 1796, nº 1333) à
l'Hôtel-Dieu de Québec. Ce legs sera
confirmé le 14 avril 1800 par le
lieutenant-gouverneur dans un document qui établit le poids du bénitier:
3 marcs (Q.A.H.D., Gouvernement anglais, 14 avril 1800, tiroir 4, carton 405).
L'inventaire après décès de Lambert
mentionne qu'il avait reçu «du R.P.
Aubry quatre Marc quatre gros d'argent
pour faire un bénitier» (Q.A.N.Q.,
Greffe Christophe-Hilarion Dulaurent,
28 novembre 1749, p. 46). Il est possible
qu'il s'agisse du même bénitier.
    Le goupillon qui accompagne ce béni-
tier est reproduit mais il ne fait pas partie
de cette exposition.

Bibliographie: *Vallée 1937*, p. 49
(nº 181); *Traquair 1940*, p. 111 (nº 7); *Morisset 1945*, p. 70–71, 97 et reprod. en
pl. VII; *Barbeau 1957*, p. 83 et reprod. en
p. 82; *Langdon 1966*, reprod. en pl. 9.

Québec, Monastère des Augustines de
l'Hôtel-Dieu, A-11

Lambert dit Saint-Paul, Paul
Arras (Pas-de-Calais), 1691 ou 1703 –
Québec, 1749

125 *Boîte aux saintes huiles*
Québec, vers 1748

H: 3-3/4 po (9,5 cm)

Inscription: *F* (pour Infirmerie ?).
Poinçon: une fleur de lis, *PL*, une
étoile (1).

Deux mentions dans le livre des recettes
et dépenses de l'Hôtel-Dieu de Québec
pourraient se rapporter à cette œuvre.
En 1732, on mentionne «une boëte
[ampoule?] d'argent pour les Stes
huiles» (Q.A.H.D., Recettes et dépenses
de l'hôpital, 1732–1775, p. 4) alors qu'en
1748 on dit avoir «fourny aux portières
pour l'autel de la sale une boete dargent
[boîte aux saintes huiles de Lambert]
pesant neuf onces pour mettre le boëtier
[ampoule mentionnée en 1732?] des Stes
huiles, faite de boucles, boutons et autres
petites argenteries que Jacques Ruel ancien [1 mot illisible] avait laissé...»
(*Idem*, p. 151). La mention de 1732 fait
sans doute allusion à l'unique ampoule
que peut contenir cette boîte. Celle qui
s'y trouve aujourd'hui ne porte pas le
poinçon de Lambert.

Bibliographie: *Traquair 1940*, p. 111
(nº 10) et reprod. en pl. V; *Morisset
1945*, reprod. en pl. XVI.

Québec, Monastère des Augustines de
l'Hôtel-Dieu, A-9

Landron, Jean-François
Québec, 1686 – Mort avant 1762

126 *Gobelet*
Montréal, vers 1719

H: 2-3/8 po (6,0 cm)

Inscription: *M*, une étoile.
Poinçon: une fleur de lis, trois grains, *I*, un point, *F*, *L* (1).

Montréal, Maison-mère des religieuses Hospitalières de Saint-Joseph, 2075

Landron, Jean-François
Québec, 1686 – Mort avant 1762

127 *Calice*
Québec, vers 1730

H: 9-1/2 po (24,1 cm)

Poinçon: une fleur de lis, trois grains, *I*,
un point, *F, L* (2).

Bibliographie: *Langdon 1969*, p. 63 et
reprod.; *Montréal 1970*, p. 3 (n° 7).

Montréal, La collection Henry Birks
d'argenterie canadienne, Q. 203

Landron, Jean-François
Québec, 1686 – Mort avant 1762

128 *Ciboire*
Québec, vers 1730

H: 8-1/4 po (20,9 cm)

Inscription: une crosse d'évêque, *E.Q.* (pour Évêché de Québec, sur le couvercle et sous le pied) et *T*, une croix, *P* (sous le pied).
Poinçon: une fleur de lis, trois grains, *I*, un point, *F*, *L* (1).

Ottawa, Galerie nationale du Canada, 14834

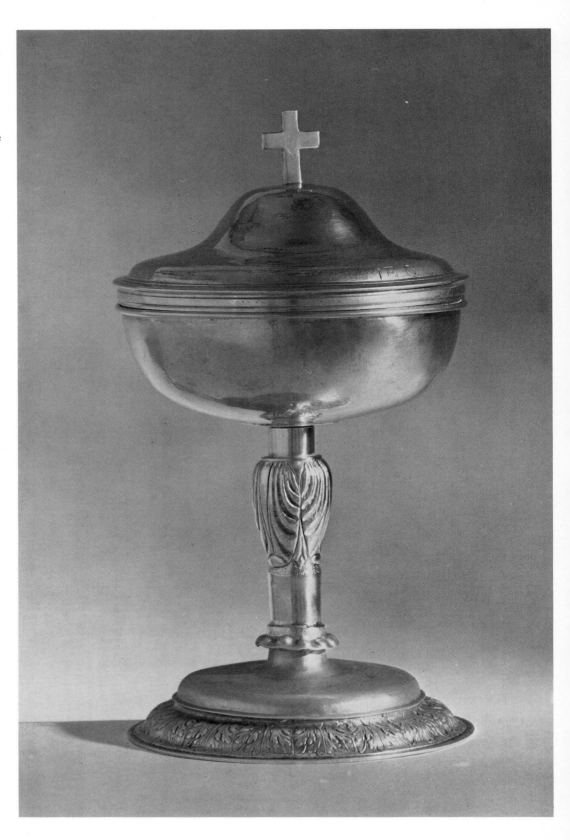

Landron, Jean-François
Québec, 1686 – Mort avant 1762

129 *Écuelle*
Québec, vers 1730

H: 1-1/2 po (3,8 cm); L: 11-1/4 po
(28,5 cm); diam: 6-5/8 po (16,8 cm)

Poinçon: une fleur de lis, trois grains,
partie inférieure illisible (1).

Montréal, La collection Henry Birks
d'argenterie canadienne, Q. 122

Landron, Jean-François
Québec, 1686 – Mort avant 1762

130 *Ostensoir*
Québec, vers 1730

H: 15-3/16 po (38,5 cm)

Poinçon: une fleur de lis, trois grains, *I*,
un point, *F*, *L* (2).

Québec, Musée du Québec, A.70.15.0

Landron, Jean-François
Québec, 1686 – Mort avant 1762

131 *Tasse*
Québec, vers 1730

H: 2-15/16 po (7,5 cm)

Poinçon: une fleur de lis, trois grains, *I*,
un point, *F*, *L* (3).

Cette tasse a déjà fait partie de la collection de Louis Carrier.

Bibliographie: *Detroit 1946*, p. 36
(n° 122) et reprod. en pl. XV; *Québec
1952*, p. 71 (n° 258); *Bordeaux 1962*, p. 59
(n° 91); *Morisset 1968*, p. 15 et reprod.

Québec, Musée du Québec, A.60.386.0

(?) Lefebvre, François
Québec, 1705 / 1781-

132 *Tasse à goûter*
Québec, vers 1740

H: 1 po (2,5 cm); L: 4-1/2 po (11,4 cm);
diam: 3-1/4 po (8,2 cm)

Inscription: *P*, *A*, *L*.
Poinçon: (?) une fleur de lis, *FF*, (?) une
étoile (2).

Collection privée

LV
Nouvelle-France, XVIIIe siècle

133 *Écuelle*
Québec ou Montréal, XVIIIe siècle

H: 1-1/2 po (3,8 cm); L: 11-1/2 po
(29,2 cm); diam: 6-1/2 po (16,5 cm)

Inscription: *ICB.*
Poinçon: *LV* dans un cartouche (1).

Gérard Morisset attribuait le poinçon
LV à Louis-Joseph Varin [Montréal,
1706 – Montréal, 1760] (*Québec 1952*,
p. 82; *Vancouver 1959*, p. 73).

Québec, Monastère des Ursulines

Maillou, Joseph
Québec, 1708 – Québec, 1794

134 *Gondole*
Québec, vers 1732

H: 1-3/4 po (4,4 cm); L: 6-1/8 po
(15,5 cm); l: 3-11/16 po (9,3 cm)

Inscription: *F* (pour Infirmerie ?), *H.D.*
(pour Hôtel-Dieu).
Poinçon: une fleur de lis, *IM*, une
étoile (2).

Deux gondoles identiques sont conservées au Monastère des Augustines de
l'Hôtel-Dieu. Plusieurs mentions dans le
livre des recettes et dépenses de l'Hôtel-
Dieu pourraient bien se rapporter à ces
œuvres. En mars 1732, on mentionne «2
gondolles et une petite pour St viatique»
(Q.A.H.D., Recettes et dépenses de l'hôpital, 1732–1775, p. 5) alors qu'en mai
1756 il est question d'une «petite gondole
d'argent pour la communion des malades» et de «2 grandes gondoles» (*Idem*,
p. 220). Dans les dépenses du monastère
pour 1813, on dit avoir «payé pour faire
accomoder les gondoles de l'infirmerie
6#» (Q.A.H.D., Dépenses du monastère
de l'Hôtel-Dieu de Québec, 1801–1828,
p. 130), alors qu'en 1821 on a dépensé
«pour faire raccommodée une gondol
d'argent 11#3» (*Idem*, p. 217). La pièce
semble avoir été réparée avec l'extrémité
d'un ustensile d'argent.

Bibliographie: *Traquair 1940*, p. 112
(n° 15).

Québec, Monastère des Augustines de
l'Hôtel-Dieu, A-27B

Maillou, Joseph
Québec, 1708 – Québec, 1794

135 *Calice*
Québec, vers 1750

H: 9-7/8 po (25,0 cm)

Poinçon: une fleur de lis, *IM*, une
étoile (6).

Bibliographie: *Morisset 1941*, p. 96;
Morisset 1945, p. 63; *Langdon 1960*,
reprod. en p. 36A.

Trois-Rivières (Québec), Monastère des
Ursulines

Maillou, Joseph
Québec, 708 – Québec, 1794

136 *Gobelet*
Québec, vers 1750

H: 2-1/8 po (5,4 cm)

Inscription: *CLODE GAVDAR*.
Poinçon: une fleur de lis, *IM*, une
étoile (2).

Un nommé Claude Godard se serait
marié à Saint-François-du-Lac le
26 janvier 1750 (*Tanguay 1871–1890*,
vol. IV, p. 306).

Trois-Rivières (Québec), Monastère des
Ursulines

Pagé dit Quercy (ou Carcy),
Jacques
Québec, 1682 – Québec, 1742

137 *Ciboire*
Québec, vers 1725

H: 11 po (27,9 cm)

Poinçon: une fleur de lis, *I*, un point, *P*,
un croissant (3).

Ce ciboire, qui aurait été autrefois à
l'église de Bécancourt, provient de
l'église Sainte-Gertrude de Nicolet.

Bibliographie: Gérard Morisset: *Jacques
Pagé dit Quercy*, dans *Technique*, t. XXV,
n° 9 (novembre 1950), reprod. en p. 599.

Montréal, La collection Henry Birks
d'argenterie canadienne, Q. 286

Pagé dit Quercy (ou Carcy),
Jacques
Québec, 1682 – Québec, 1742

138 *Écuelle*
Québec, vers 1725

H: 1-7/8 po (4,7 cm); L: 12 po (30,4 cm);
diam: 7 po (17,7 cm)

Inscription: lettres non identifiées en-
lacées et couronnées, *AN.BV LAV*.
Poinçon: une fleur de lis, *I*, un point, *P*,
un croissant (2).

Le couvercle, non reproduit, ne porte
pas le poinçon de Jacques Pagé. Il a probablement été fait à Montréal au XIXe
siècle.

Collection privée

Pagé dit Quercy (ou Carcy),
Jacques
Québec, 1682 – Québec, 1742

et

La Pierre, Michel de
Paris, me 1702

et

TT*
Paris, XVIIIe siècle

139 *Ostensoir*
Québec, vers 1725, et Paris, 1704–1705

H: 19-1/2 po (49,5 cm)

Poinçon de Pagé: Sous le pied: une fleur
de lis, *I*, un point, *P*, un croissant (2).
Poinçons français: Sur la croix: M de La
Pierre: une fleur de lis couronnée, deux
grains, une pierre de taille entre *M* et *P*,
et *DL* en dessous. Sur un rayon et sur le
balustre: M de TT: une fleur de lis couronnée, deux grains, *TT*, un symbole;
MC de 1704–1705: *L* couronné; C de
Paris, 1703–1708: *A* couronné; D de
1703–1708: une couronne avec sceptre et
main de justice. Autre poinçon: *E* couronné avec deux grains de remède.

Jacques Pagé a fait le pied de cet ostensoir français et y a apposé son poinçon.

Bibliographie: Gérard Morisset: *Jacques
Pagé dit Quercy*, dans *Technique*, t. **XXV**,
no 9 (novembre 1950), p. 595 et reprod.;
Québec 1952, p. 74 (no 273); *Vancouver
1959*, p. 70 (no 322).

Saint-Joachim de Montmorency
(Québec), Fabrique Saint-Joachim

Pagé dit Quercy (ou Carcy),
Jacques
Québec, 1682 – Québec, 1742

140 *Plat*
Québec, vers 1725

H: 1-3/8 po (3,4 cm); diam: 10-3/8 po
(26,3 cm)

Inscription: *GVY* (pour Guy).
Poinçon: une fleur de lis, *I*, un point, *P*,
un croissant (4).

Ce plat a déjà fait partie de la collection
de Louis Carrier.

Bibliographie: *Detroit 1946*, p. 36
(n° 117) et reprod. en pl. XVIII; Gérard
Morisset: *Jacques Pagé dit Quercy*, dans
Technique, t. XXV, n° 9 (novembre
1950), p. 598 et reprod. en p. 597; *Detroit
1951*, p. 67 (n° 99); *Québec 1952*, p. 74
(n° 274) et reprod. en pl. 23; *Vancouver
1959*, p. 70 (n° 323); *Bordeaux 1962*, p. 60
(n° 94).

Québec, Musée du Québec, A.60.454.0

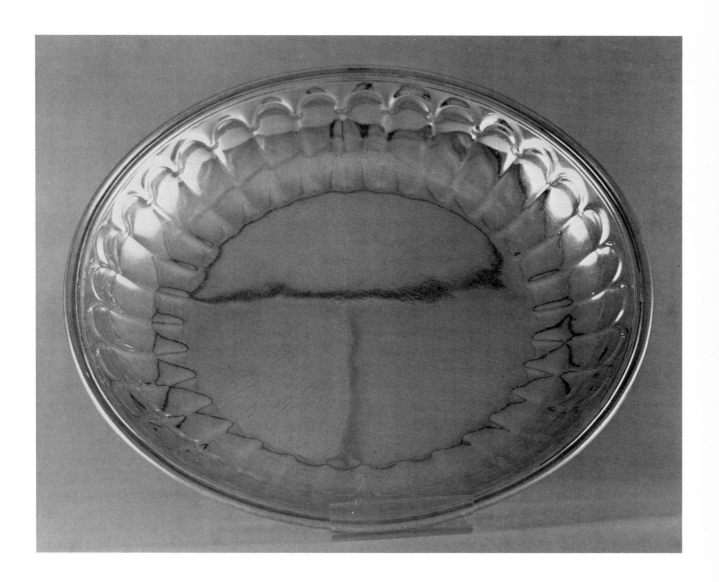

Pagé dit Quercy (ou Carcy),
Jacques
Québec, 1682 – Québec, 1742

141 *Plat*
Québec, vers 1725

H: 1-13/16 po (3,0 cm); diam: 12 po
(30,4 cm)

Armoiries: (?) Gilles Hocquart, intendant de la Nouvelle-France de 1729 à
1748 (*Massicotte 1915*, p. 67).

Inscription: *CB* (poinçonnés).
Poinçon: une fleur de lis, *I*, un point, *P*,
un croissant (2).

Montréal, La collection Henry Birks
d'argenterie canadienne, Q. 111

Pagé dit Quercy (ou Carcy),
Jacques
Québec, 1682 – Québec, 1742

142 *Plateau à burettes*
Québec, vers 1725

L: 10-5/8 po (26,9 cm); l: 7 po (17,7 cm)

Poinçon: une fleur de lis, *I*, un point, *P*,
un croissant (2).

La mission Saint-François-de-Sales
(Odanak) était, sous le régime français,
desservie par les Jésuites.

Bibliographie: *Barbeau 1957*, p. 80 et
reprod. en p. 55.

Odanak (Québec), Musée des Abénakis

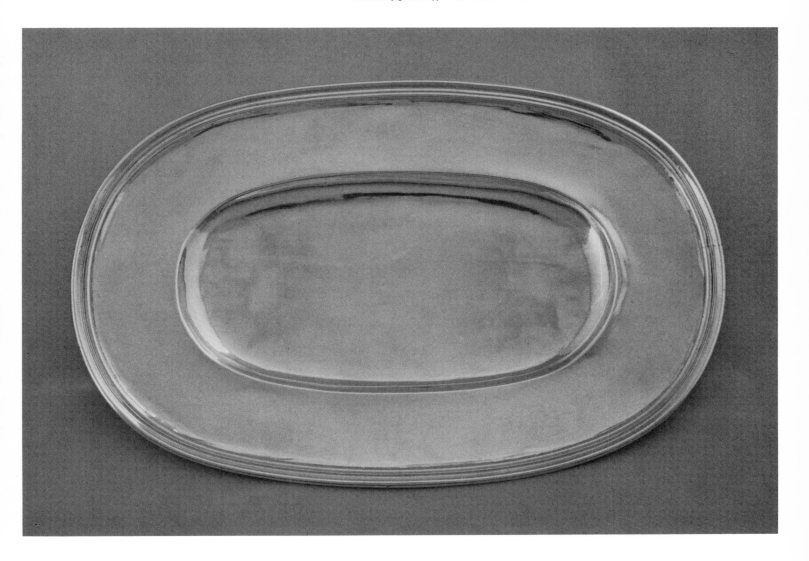

Pagé dit Quercy (ou Carcy),
Jacques
Québec, 1682 – Québec, 1742

143 *Chandeliers*
Québec, vers 1735

H: 8-1/2 po (21,5 cm)

Armoiries: Henri-Louis Deschamps de
Boishébert (*Massicotte 1915*, p. 76).
Poinçon: une fleur de lis, *I*, un point, *P*,
un croissant (3 sur chaque pièce).

Henri-Louis Deschamps de Boishébert
[Québec, 1679 – Québec, 1736] épousa
Geneviève de Ramezay [Née à Trois-
Rivières, 1699] en 1721. L'une de ses
filles entrera comme religieuse au Mo-
nastère des Augustines de l'Hôpital
général en 1744 sous le nom de sœur
Sainte-Geneviève. Selon toute vraisem-
blance, les chandeliers ont été donnés aux
Augustines par la veuve de Boishébert.

L'éteignoir d'argent qui accompagne ces
deux chandeliers est reproduit mais il ne
fait pas partie de l'exposition.

Bibliographie: *Traquair 1940*, p. 117
(n° 25).

Québec, Musée du monastère des
Augustines de l'Hôpital général,
1750-1A et 1750-1B

(?) Pagé dit Quercy (ou Carcy),
Joseph
Québec, 1701 – Antilles, vers 1730

144 *Cuiller*
Québec, vers 1725

L: 11 po (27,9 cm)

Inscription: *M*[surmonté d'une croix]*E*
(chiffre du Séminaire des Missions étrangères).
Poinçon: *IP* dans un cartouche en forme
de feuille.

Québec, Musée du Séminaire

Paradis, Roland
(?) Paris, vers 1696 – Montréal, 1754

145 *Burettes*
Montréal, xviiie siècle

H: 4-3/8 po (11,1 cm)

Inscriptions: Sur la première: *V* (pour *Vino*), *Pour la Premiere Messe dite dans l'Eglise de la C.N.D. le 6 aout 1695.*
Sur la seconde: *A* (pour *Aqua*), *Don de Mlle Jeanne Le Ber aux Sœurs de la C.N.D.*
Poinçon: une couronne fermée, un croissant fermé, *RP* (2 sur la première et 1 sur la seconde).

Jeanne Le Ber [Montréal, 1662 – Montréal, 1714] a fait don de pièces d'orfèvrerie religieuse aux sœurs de la Congrégation de Notre-Dame, mais il est peu probable que Roland Paradis ait été en mesure de faire ces burettes avant la mort de Jeanne Le Ber.

Bibliographie: *Traquair 1940*, p. 123 (no 17).

Montréal, Les sœurs de la Congrégation de Notre-Dame

Paradis, Roland
(?) Paris, vers 1696 – Montréal, 1754

146 *Piscine*
Québec, vers 1728

H: 1-1/8 po (2,8 cm); diam: 3-7/16 po (8,7 cm)

Inscriptions: *S^te*, une croix, *ANNE*, *AM* (pour *Ave Maria*), *SAN* (à l'intérieur). Poinçon: une couronne fermée, un croissant ouvert, *RP* (4).

Bibliographie: *Vancouver 1959*, p. 70 (n° 327); Lucien Gagné et Jean-Pierre Asselin: *Sainte-Anne de Beaupré, trois cents ans de pèlerinage*, Sainte-Anne de Beaupré, 1967, p. 62 (n° 38) et reprod.

Sainte-Anne de Beaupré (Québec), Pères Rédemptoristes

Paradis, Roland
(?) Paris, vers 1696 – Montréal, 1754

147 *Porte-Dieu*
Montréal, 1739

H: 3-1/4 po (8,2 cm)

Poinçon: une couronne ouverte, *RP* (1).

Gérard Morisset a relevé dans les livres de comptes de l'église de Lachenaie la mention suivante pour l'année 1739: «Livré au sieur Paradis orfesvre pour matierre et façon d'un ciboire et porte dieu ainsi qu'il paroist par Son reçu la somme de 145#10s.» Le porte-Dieu faisait partie de la collection de Louis Carrier qui fut acquise par le Musée du Québec en 1960. Le ciboire, pour sa part, était resté à l'église de Lachenaie et fut détruit au cours de l'incendie de l'église en 1964 (*Traquair 1940* reproduit ce ciboire en pl. XII).

Bibliographie: *Detroit 1946*, p. 37 (n° 132); *Detroit 1951*, p. 68 (n° 108); *Québec 1952*, p. 75 (n° 278); *Morisset 1954*, p. 441; *Vancouver 1959*, p. 71 (n° 328); *Bordeaux 1962*, p. 61 (n° 95).

Québec, Musée du Québec, A.60.456.0

Paradis, Roland
(?) Paris, vers 1696 – Montréal, 1754

148 *Calice*
Montréal, 1748

H: 11-3/8 po (28,8 cm)

Inscription: *1748/Paradis/fesite*
(cursivement, sous le pied).
Poinçon: une couronne ouverte, *RP* (4).

Ce calice proviendrait de l'ancienne
église paroissiale de Trois-Rivières,
détruite, au cours d'un incendie, le
22 juin 1908.

Bibliographie: *Barbeau 1939*, reprod. en
pl. VII; *Morisset 1941*, p. 95; *Morisset
1945*, p. 63; *Québec 1952*, p. 74 (n° 275);
Morisset 1954, p. 441 et reprod. en fig. 4
(p. 440).

Trois-Rivières (Québec), Séminaire des
Trois-Rivières

Paradis, Roland
(?) Paris, vers 1696 – Montréal, 1754

149 *Calice*
Montréal, vers 1750

H: 9-5/8 po (24,4 cm)

Poinçon: une couronne ouverte, *RP* (4).
La coupe porte un poinçon à demi effacé.

Bibliographie: *Morisset 1941*, p. 95;
Morisset 1954, p. 441–442 et reprod. en
fig. 5 (p. 440).

Berthierville (Québec), Fabrique Sainte-
Geneviève de Berthier-en-haut

215

Paradis, Roland
(?) Paris, vers 1696 – Montréal, 1754

150 *Écuelle*
Montréal, vers 1750

H: 1-13/16 po (4,6 cm); L: 11-7/16 po (29,0 cm); diam: 6-5/8 po (16,8 cm)

Inscription: *MORISSO* (pour Morisseau?).
Poinçon: une couronne ouverte, trois grains, RP (4).

Bibliographie: *Detroit 1946*, p. 37 (n° 133) et reprod. en pl. XVIII; *Detroit 1951*, p. 68 (n° 107) et reprod.; *Morisset 1954*, p. 440 et reprod. en fig. 2 (p. 437); *Langdon 1966*, reprod. en pl. 33.

Detroit, The Detroit Institute of Arts (Don de Robert H. Tannahill), 46.350

Paradis, Roland
(?) Paris, vers 1696 – Montréal, 1754

151 *Écuelle*
Montréal, vers 1750

H: 2 po (5,0 cm); L: 12-5/8 po (32,0 cm);
diam: 7-1/2 po (19,0 cm)

Poinçon: trois points formant une couronne, *RP* (6).

Montréal, La collection Henry Birks
d'argenterie canadienne, Q. 89

Paradis, Roland
(?) Paris, vers 1696 – Montréal, 1754

152 *Gobelet*
Montréal, vers 1750

H: 2-7/8 po (5,7 cm)

Inscription: *MICHEL BRUNELLE.*
Poinçon: trois points formant une couronne, *RP* (4).

Ce gobelet pourrait avoir appartenu à
un nommé Michel Brunel [Né à Varen-
nes, 1714] qui épousa dans sa ville natale
Madeleine Herpin en 1741 (*Tanguay
1871–1890*, vol. II, p. 495).

Ottawa, Galerie nationale du Canada,
17070

Paradis, Roland
(?) Paris, vers 1696 – Montréal, 1754

153 *Plat*
Montréal, vers 1750

H: 1 po (2,5 cm); diam: 8-1/2 po
(21,5 cm)

Armoiries: non identifiées.
Inscription: *IANIS* (poinçonné).
Poinçon: une couronne (presqu'illisible),
RP (4).

Bibliographie: *Langdon 1966*, reprod. en
pl. 38.

Toronto, Royal Ontario Museum (Sigmund Samuel Canadiana Gallery),
950.215

(?) Payne, Samuel
Londres, vers 1696 / 1732-

Voir également n° 99.

154 *Gobelet*
Montréal, vers 1725

H: 2-5/8 po (6,6 cm)

Inscription: *I. VIGE* (pour Jacques
Vigé).
Poinçon: une couronne ouverte, une
fleur de lis, *SP* (1).

L'anse est certainement une addition
ultérieure.

Bibliographie: *Montréal 1970*, p. 3
(n° 10).

Montréal, La collection Henry Birks
d'argenterie canadienne, C. 350

(?) Picard, Louis-Alexandre
Paris, vers 1727 – Montréal, 1799

155 *Gobelet*
Québec, vers 1755

H: 2-1/4 po (5,7 cm)

Poinçon: *AP* dans un carré (1).

Bibliographie: *Vancouver 1959*, p. 71
(n⁰ 330).

Québec, Musée du Québec, A.53.60.0

(?) Robaille, Jean
-1757/1758-

156 *Gobelet*
Québec, vers 1757

H: 2-1/8 po (5,4 cm)

Poinçon: (?) une couronne, *R* (3).

Montréal, La collection Henry Birks
d'argenterie canadienne, C. 220

SP
(?) Nouvelle-France, xviiie siècle

157 *Cuiller*
(?) Nouvelle-France, xviiie siècle

L: 7-1/2 po (19,0 cm)

Inscription: *SF.*
Poinçon: une couronne, *S*, un point, *P*,
un symbole (1).

Le poinçon apposé sur cette cuiller a été
attribué à Samuel Payne*.

Montréal, La collection Henry Birks
d'argenterie canadienne, C. 242

UR (ou FIR)
Nouvelle-France, XVIIIᵉ siècle

158 *Cuiller à ragoût*
Nouvelle-France, XVIIIᵉ siècle

L: 17-1/16 po (43,3 cm)

Inscriptions: *S.B.R.* (poinçonnés) dans
un ovale, *LOMBARD.*
Poinçon: une couronne ouverte,
U [ou *FI*] *R* (1).

Montréal, La collection Henry Birks
d'argenterie canadienne, Q. 400

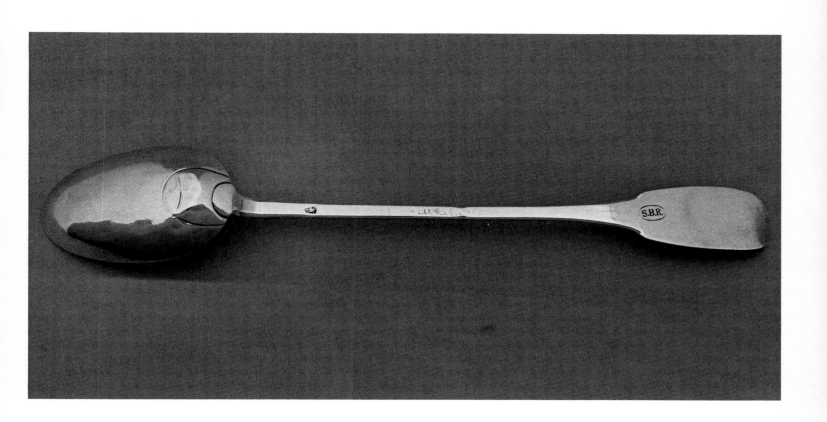

UR (ou FIR)
Nouvelle-France, XVIIIe siècle

159 *Écuelle*
Nouvelle-France, XVIIIe siècle

H: 1-5/8 po (4,1 cm); L: 12-1/2 po
(31,7 cm); diam: 7-3/8 po (18,7 cm)

Poinçon: une couronne ouverte, *U* [ou
FI]*R* (5).

Bibliographie: *Montréal 1970*, p. 3
(n° 5).

Montréal, La collection Henry Birks
d'argenterie canadienne, Q. 271

Varin dit Lapistole, Jacques
Montréal, 1736 – Montréal, 1791

160 *Tasse*
Montréal, xviiie siècle

H: 2-5/8 po (6,6 cm)

Inscription: *V.T. Provo. P.*
Poinçon: une couronne, *IV*, (?) un
cœur (4).

Montréal, La collection Henry Birks
d'argenterie canadienne, C. 218

Varin dit Lapistole, Jacques
Montréal, 1736 – Montréal, 1791

161 *Gobelet*
Montréal, vers 1750

H: 2-1/4 po (5,7 cm)

Inscriptions: *P. LATRAVASE* (sur la
panse), *Monsieur Pierre Latraverse Sorel*
(sous le fond).
Poinçon: une couronne, *IV*, (?) un
cœur (1).

Ce gobelet pourrait avoir appartenu à
un nommé Pierre Latraverse [Né à l'Île-
Dupas, 1717] qui épousa, dans sa ville
natale, Marie-Anne Desorcy [Née en
1725 – Sorel, 1760] (*Tanguay
1871–1890*, vol. V, p. 186).

Montréal, Musée des beaux-arts (Don
du Dr et de Mme Charles F. Martin,
1947), 47.Ds.20

Varin dit Lapistole, Jacques
Montréal, 1736 – Montréal, 1791

162 *Soupière*
Montréal, vers 1790 (?)

H: 11-3/8 po (28,8 cm); L: 19-1/2 po
(49,5 cm)

Inscription: *AM* (pour *Ave Maria*,
chiffre des Sulpiciens).
Poinçon: une couronne ouverte, *IV*,
(?) un cœur (4).

Le poinçon de Robert Cruickshank
[Aberdeen (Écosse), 1748 – Angle-
terre, 1809] est apposé deux fois sur le
couvercle. Cruickshank travailla à
Montréal au cours du dernier quart du
XVIIIe siècle.

Bibliographie: *Traquair 1940*, p. 28–29,
129 (no 35) et reprod. en pl. XI; *Notre-
Dame 1943*, p. 18 (no 222); *Vancouver
1959*, p. 73 (no 370); *Bordeaux 1962*, p. 64
(no 105); *Morisset 1968*, reprod. en p. 17.

Montréal, Musée de l'église Notre-Dame

162 Détail

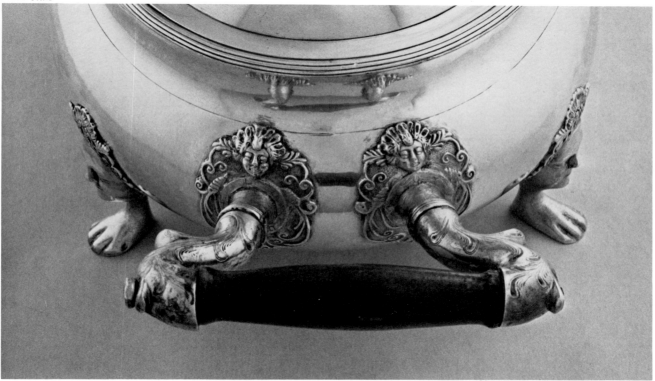

Lexique

Les mots composés en *italiques* dans les définitions sont expliqués à l'intérieur de ce lexique.

Aiguière
Vase à anse et à bec destiné à contenir de l'eau.

Ampoules aux saintes huiles
Dans la liturgie, petits récipients destinés à conserver les saintes huiles.

Bénitier
Dans la liturgie, récipient destiné à contenir l'eau bénite.

Boîte aux saintes huiles
Dans la liturgie, récipient, muni d'un couvercle, destiné à contenir une ou plusieurs *ampoules aux saintes huiles*.

Burettes
Dans la liturgie, paire de petites *aiguières* destinées à contenir l'eau et le vin lors de la célébration de la messe.

Calice
Dans la liturgie, vase sacré dans lequel se fait la consécration du vin lors de la célébration de la messe.

Ciboire
Dans la liturgie, vase sacré destiné à conserver les hosties consacrées pour la communion des fidèles.

Croix pectorale
Croix qui se porte sur la poitrine.

Croix processionnelle
Dans la liturgie, croix, habituellement supportée par un long bâton, que l'on porte en tête d'une procession.

Crosse d'évêque
Dans la liturgie, bâton pastoral d'évêque dont l'extrémité se recourbe en volute.

Écuelle
Récipient large et creux, parfois muni d'un couvercle, destiné à contenir une portion d'aliment liquide.

Encensoir
Dans la liturgie, sorte de réchaud, muni d'un couvercle ajouré et suspendu à des chaînettes, destiné à brûler l'encens.

Fausse-coupe
Ornement souvent ajouré ou historié, qui épouse la forme de la coupe du *calice* ou du *ciboire*.

Ferrures de missel
Garnitures de métal, fixées à la couverture d'un missel, qui servent aussi bien à la protéger qu'à l'orner.

Gondole
Vase dont la forme évoque celle de la barque vénitienne.

Goupillon
Dans la liturgie, boule de métal creuse, percée de trous et fixée à un manche, destinée à asperger d'eau bénite.

Instrument de paix
Dans la liturgie, plaquette de métal avec laquelle on donne la paix en la faisant baiser aux fidèles. Le terme «paix» est également employé; il dérive du «baiser de paix», salut traditionnel des Juifs, conservé par les premiers chrétiens en signe de fraternité ou de réconciliation.

Lampe de sanctuaire
Dans la liturgie, lampe qui doit constamment brûler devant le tabernacle. On doit, en principe, la suspendre à la voûte et l'alimenter d'huile d'olive ou de cire d'abeille.

Mortier
Récipient, en matière dure et résistante, qui sert à broyer certaines substances.

Mouchettes
Ciseaux destinés à moucher les chandelles.

Navette
Dans la liturgie, petit vase allongé, en forme de nef, destiné à contenir l'encens.

Nœud
Renflement de la tige du pied d'une pièce d'orfèvrerie.

Ostensoir
Dans la liturgie, pièce d'orfèvrerie destinée à contenir l'hostie consacrée pour l'exposer à l'adoration des fidèles. Il se compose généralement de deux éléments: la lunule, cercle ou petit croissant destiné à soutenir l'hostie, et la monstrance, qui entoure la lunule. Le terme «soleil» est également employé.

Paix
Voir Instrument de paix.

Patène
Dans la liturgie, petite assiette qui sert à l'oblation de l'hostie, à en recueillir les parcelles et à couvrir le *calice*, lors de la célébration de la messe.

Piédouche
Petit support ou piédestal.

Piscine
Dans la liturgie, petite cuve destinée à recevoir l'eau des ablutions.

Poinçon
Instrument, formé d'une tige qui se termine par une face gravée, servant à marquer les pièces d'orfèvrerie. La marque laissée par cet instrument. En France, on distingue le *poinçon de maître*, le *poinçon de maison commune* et les *poinçons de marque*.

Poinçon de charge (C)
En France, *poinçon de marque* apposé sur la pièce d'orfèvrerie encore à l'état d'ébauche. L'orfèvre s'engage alors à acquitter les droits exigés (déterminés par le poids de la pièce) lorsque l'œuvre sera terminée.

Poinçon de décharge (D)
En France, *poinçon de marque* apposé sur l'œuvre terminée. L'orfèvre a alors acquitté les droits exigés: il peut la vendre librement.

Poinçon de maison commune (MC)
En France, poinçon, apposé sur l'œuvre par les gardes de la jurande (communauté ou corporation) d'orfèvres, qui en garantit le titre. À Paris, ce poinçon comportait une lettre de l'alphabet qui changeait une fois l'an.

Poinçon de maître (M)
En France, poinçon, apposé par le maître-orfèvre, qui constitue sa signature de l'œuvre.

Poinçons de marque
En France, poinçons apposés par les fermiers (ou percepteurs) des droits du roi. On distingue le *poinçon de charge* et le *poinçon de décharge*.

Porte-Dieu
Dans la liturgie, petit vase, parfois en forme de *ciboire* miniature, destiné à contenir le viatique que le prêtre porte aux malades. Le terme «pyxide» est également employé.

Pyxide
Voir Porte-Dieu.

Reliquaire
Dans la liturgie, récipient contenant une ou plusieurs reliques.

Soleil
Voir Ostensoir.

Tasse à goûter
Petite tasse en argent destinée à boire le vin.

Bibliographie

I. Archives et sources manuscrites

Archives du monastère des Augustines de l'Hôpital général, Québec

Archives du monastère des Augustines de l'Hôtel-Dieu, Québec

Archives du monastère des Ursulines, Québec

Archives du Séminaire de Québec

Archives judiciaires de Québec, Québec

Archives nationales du Québec, Montréal

Archives nationales du Québec, Québec

Archives paroissiales
Charlesbourg, Saint-Charles Borromée
Québec, Basilique-cathédrale Notre-Dame
Saint-Charles de Bellechasse
Saint-Gilles de Lotbinière
Saint-Pierre, Île d'Orléans

Archives publiques du Canada, Ottawa

Centre canadien d'étude sur la culture traditionnelle, Musée national de l'homme, Ottawa

Inventaire des œuvres d'art du Québec, Québec

II. Sources imprimées

Les Annales de l'Hôtel-Dieu de Québec, 1639–1716. Textes édités avec une introduction par Dom Albert Jamet, Hôtel-Dieu, Québec, 1939.

Documents relatifs à la monnaie, au change et aux finances du Canada sous le régime français. Textes choisis et édités avec commentaires et introduction par Adam Shortt, Bureau des publications historiques des Archives publiques du Canada, Ottawa, 1925, 2 volumes.

Rapport de l'archiviste de la province de Québec. 1920–1961. Publication interrompue en 1961–1962. Reprise en 1963 sous le titre de *Rapport des archives du Québec*, devenu en 1972 le *Rapport des Archives nationales du Québec.*

Relations des Jésuites, Éditions du Jour, Montréal, 1972, 6 volumes.

III. Ouvrages de référence

ALLAIRE (Jean-Baptiste-Antoine): *Dictionnaire biographique du clergé canadien-français. Les anciens*, Imprimerie de l'École catholique des sourds-muets, Montréal, 1910.

BEUQUE (Émile): *Dictionnaire des poinçons officiels français et étrangers, anciens et modernes de leur création (XIVe siècle) à nos jours*, De Nobele, Paris, 1962, 2 volumes.

BEUQUE (Émile) et M. Frapsauce: *Dictionnaire des poinçons de maîtres orfèvres français du XIVe siècle à 1838*, De Nobele, Paris, 1964.

BRAULT (Solange) et YVES BOTTINEAU: *L'orfèvrerie française du XVIIIe siècle*, «L'œil du connaisseur», Presses universitaires de France, Paris, 1959.

CARRÉ (Louis): *Les poinçons de l'orfèvrerie française du quatorzième siècle jusqu'au début du dix-neuvième siècle*, Louis Carré, Paris, 1928.

Dictionnaire biographique du Canada.
Vol. I: *De l'an 1000 à 1700.* George W. Brown, édit., University of Toronto Press et Presses de l'université Laval, Toronto et Québec, 1966.
Vol. II: *De 1701 à 1740.* David M. Hayne, édit., University of Toronto Press et Presses de l'université Laval, Toronto et Québec, 1969.

DIDEROT (Denis): *Encyclopédie, ou Dictionnaire raisonné des sciences. Recueil de planches sur les sciences, les arts libéraux et les arts méchaniques avec leur explication*, Cercle du livre précieux, Paris, 1964–1966, 12 volumes.

Grand Larousse encyclopédique en dix volumes. Librairie Larousse, Paris, 1960–1964, 10 volumes.

HELFT (Jacques): *Le poinçon des provinces françaises*, De Nobele, Paris, 1968.

LANEL (Luc): *L'orfèvrerie*, «*Que sais-je?*, no 131», Presses universitaires de France, Paris, 1964.

MASSICOTTE (É.-Z.) et Régis Roy: *Armorial du Canada français*, Beauchemin, Montréal, 1915.

————: *Armorial du Canada français*, Beauchemin, Montréal, 1918.

NOCQ (Henry): *Le poinçon de Paris*, H. Floury, Paris, 1926–1931, 5 volumes.

TANGUAY (Cyprien): *Dictionnaire généalogique des familles canadiennes depuis la fondation de la colonie jusqu'à nos jours*, Eusèbe Sénécal, Québec, 1871–1890, 7 volumes.

IV. Études (livres et catalogues d'exposition)

Album-souvenir de la basilique de Notre-Dame de Québec, Québec, 1923.

L'art au Canada. Catalogue d'exposition, Musée de Bordeaux, 1962.

Les arts au Canada français. Catalogue d'exposition, Vancouver Art Gallery, 1959.

The Arts of French Canada, 1613–1870. Catalogue d'exposition, The Detroit Institute of Arts, 1946.

BARBEAU (Marius): *Trésor des anciens Jésuites*, dans *Bulletin* du Musée national du Canada, no 153 (1957), «*Série anthropologique*, no 43».

BÉCHARD (A.): *Histoire de la paroisse de Saint-Augustin*, Québec, 1885.

DEROME (Robert): *Les orfèvres de Nouvelle-France. Inventaire descriptif des sources*, Galerie nationale du Canada, Ottawa, 1974.

DUBÉ (Jean-Claude): *Claude-Thomas Dupuy, intendant de la Nouvelle-France*, Fides, Montréal, 1969.

Exposition rétrospective de l'art au Canada français. Catalogue d'exposition, [Musée de la province de Québec], Québec, 1952.

Exposition rétrospective des colonies françaises de l'Amérique du Nord. Catalogue d'exposition par A.-Léo Leymarie, Paris, 1929.

François Ranvoyzé orfèvre 1739–1819. Catalogue d'exposition, Musée du Québec, Québec, 1968.

The French in America. Catalogue d'exposition, The Detroit Institute of Arts, 1951.

GAGNÉ (Lucien) et Jean-Pierre Asselin: *Sainte-Anne de Beaupré, trois cents ans de pèlerinage*, Sainte-Anne de Beaupré, 1967.

GOODING (S. James): *The Canadian Gunsmiths 1608 to 1900*, Museum Restoration Service, West Hill (Ontario), 1962.

GOSSELIN (A.): *Henri de Bernières, premier curé de Québec*, Évreux, 1896.

LANGDON (John E.): *Canadian Silversmiths & Their Marks, 1667–1867*. Publié à compte d'auteur, Lunenburg (Vermont), 1960.

————: *Canadian Silversmiths, 1700–1900*, Stinehour Press, Toronto, 1966.

LINDSAY (Lionel Saint-George): *Notre-Dame de la Jeune-Lorette en la Nouvelle-France*, La compagnie de publication de la Revue Canadienne, Montréal, 1900.

MAURAULT (Olivier): *Oka, les vicissitudes d'une mission Sauvage*. Tiré à part de la *Revue trimestrielle canadienne* (juin 1930), Montréal, 1930.

MORISSET (Gérard): *Coup d'œil sur les arts en Nouvelle-France*. Publié à compte d'auteur, Québec, 1941.

————: *Évolution d'une pièce d'argenterie*, «Collection Champlain», Médium, Québec, 1943.

————: *Paul Lambert dit Saint-Paul*, «Collection Champlain», Médium, Québec et Montréal, 1945.

NOPPEN (Luc) et John R. Porter: *Les églises de Charlesbourg et l'architecture religieuse du Québec*, «Civilisation du Québec, no 9, série *Architecture*», Ministère des affaires culturelles, Québec, 1972.

Nos orfèvres nous sont contés. La collection Henry Birks d'argenterie canadienne. Catalogue d'exposition, La Maison Del Vecchio, Montréal, 1970.

Notre Dame Museum. Illustrated Catalogue. Troisième édition, Montréal, 1943.

Pages d'histoire du Canada. Catalogue d'exposition par Roy Strong, Galerie nationale du Canada, Ottawa, 1967.

Profil de la sculpture québécoise XVIIe–XIXe siècle. Catalogue d'exposition, Musée du Québec, Québec, 1969.

SÉGUIN (Robert-Lionel): *Les ustensiles en Nouvelle-France*, Éditions Leméac, Montréal, 1972.

TRAQUAIR (Ramsay): *The Old Silver of Quebec*, Macmillan, Toronto, 1940.

Trois cents ans d'art canadien. Catalogue d'exposition par R. H. Hubbard et J. R. Ostiguy, Galerie nationale du Canada, Ottawa, 1967.

Les Ursulines de Québec depuis leur établissement jusqu'à nos jours, C. Darveau, Québec, 1866–1878, 4 volumes.

VALLÉE (Arthur): *Notes brèves sur quelques documents et pièces du trésor historique de l'Hôtel-Dieu de Kebec*. Deuxième édition, Québec, 1937.

V. Études (articles)

Barbeau (Marius): *Deux cents ans d'orfèvrerie chez nous*, dans *Mémoires de la Société royale du Canada*, 3e série, section I, t. XXXIII (1939), p. 183–191.

————: *Old Canadian Silver*, dans *Canadian Geographical Journal*, t. XXII, no 1 (mars 1941), p. 150–162.

Greening (W. E.): *Loretteville and the Treasure of the Jesuits*, dans *Canadian Geographical Journal*, t. LXV, no 3 (septembre 1962), p. 90–94.

Heraldry in Canada. Publication trimestrielle de la Heraldry Society of Canada, Ottawa, t. II, no 2 (juin 1968)

Jones (E. Alfred): *Old Church Silver in Canada*, dans *Mémoires de la Société royale du Canada*, 3e série, section II, t. XII (1918), p. 135.

Langdon (John E.): *Silversmithing in Canada during the French Colonial Period*, dans *Fourteenth Annual Winterthur Conference, 1968*, The Henry Francis du Pont Winterthur Museum, Winterthur (Delaware), 1969, p. 47–64.

Maurault (Olivier): *Les trésors d'une église de campagne*, dans *Mémoires de la Société royale du Canada*, 3e série, section I, t. XLI (1947), p. 55–63.

Morisset (Gérard): *Jacques Pagé dit Quercy*, dans *Technique*, t. XXV, no 9 (novembre 1950), p. 589–600.

————: *Notre orfèvrerie au 18e siècle*, dans *Forces*, no 5 (printemps-été 1968), p. 14–17.

————: *L'orfèvre Paul Lambert dit Saint-Paul*, article dans *La Patrie* de Montréal, livraison du 1er janvier 1950, p. 14 et 38.

————: *L'orfèvre Roland Paradis*, dans *Technique*, t. XXIX, no 7 (septembre 1954), p. 437–442.

————: *L'orfèvrerie française au Canada*, article dans *La Patrie* de Montréal, livraison du 22 octobre 1950, p. 26–27 et 55.

————: *La tasse à quêter*, dans *Mémoires de la Société royale du Canada*, 3e série, section I, t. XLI (1947), p. 63–68.

————: *Le trésor de la Mission d'Oka*, article dans *La Patrie* de Montréal, livraison du 13 novembre 1949, p. 18.

————: *Un cordonnier orfèvre, Michel Cotton*, article dans *La Patrie* de Montréal, livraison du 26 février 1950, p. 18 et 26.

Thuile (Jean): *Un souvenir canadien du Maréchal Montcalm*, dans *Revue de la Xe Région économique*, avril 1959, p. 3–4.

Trudel (Jean): *Early Canadian Silver*, dans *Canadian Antiques Collector*, t. VII, no 2 mars–avril 1972, p. 20–21.

Wenham (Edward): *Canada's Early Silversmiths*, dans *The Spur* juin 1929, p. 96 et 114.

Répertoire et index des orfèvres

Ce répertoire constitue, dans l'état actuel de nos connaissances, une liste complète des orfèvres de Nouvelle-France (en caractères **gras**); il comprend également des orfèvres non cités dans cet ouvrage. Les orfèvres français (f) mentionnés dans l'index ne semblent pas avoir œuvré en Nouvelle-France.

Index des pièces exposées

Table des matières

Collaborateurs

Révision du texte: André LaRose
Contrôle des photographies: Alice Armstrong
Préposé à la production: Arnold Witty
Présentation: Beaupré + Arcand Graphistes
Impression: Southam-Murray